내 안에 기린이 서 있다

내 안에 기린이 서 있다

강이연 · 글

말그릇

책을 내며

  목요일마다 글방에 다닌 지 몇 해가 흘렀다. 스며드는 생각과 세상 사는 이야기들을 마음속에서 우러나는 대로 문장으로 풀어냈다. 글이 제법 모이자 주위에서 책으로 엮어보라는 권유가 있었다. 왠지 용기가 나지 않아 차일피일했다.
  내 글들을 찬찬히 읽어보니 남편이 생전에 아이들에게 전해주고 싶었던 이야기들이 바탕을 이루고 있었다.
  "나는 우리 아이들이 정말 맘에 들어."
  남편이 웃으며 자주 하던 말이다. 그이가 세상을 떠날 때 미성년이던 두 아이는 무탈하게 잘 자라주었다. 대견하고 고마운 마음이다. 어느덧 각자 가정을 이루고 부모가 된 아이들에게 엄마 아빠가 느꼈던 크고 작은 행복의 순간을 들려줘야 한다는 마음에 책을 묶는 용기를 내게 되었다. 우리 가족이 살아온 소소한 이야기를 꾸밈없이 담다 보니 속살은 그저 내 일기장과 다름없다. 작은 바람이지만 이 책을 읽는 독자들이 우리 가족의 이야기에 조금이라도 공감한다면 더없이 기쁘겠다.

표제작에 등장하는 '기린'은 긴 목을 높게 세우고 초원을 둘러보듯 우리 가족을 보살피던 울타리 같은 존재, 남편을 의미한다. 그리고 책 중간중간에는 여덟 살 손자가 그린 삽화를 넣었다. 손자의 마음이 담긴 환한 그림들을 보고 있으면 기분이 좋다.

책이 나올 즈음, 삽화를 그린 손자가 미국에서 한국으로 날아온다. '파이브 할거니'의 첫 책을 꼬마 화가에게 선물할 생각을 하니 설레고 마냥 행복하다.

2024년 초여름

강이연

차 례

책을 내며 … 4

1부_ 내 마음의 양지

12   산울림 소극장 카페
18   그 겨울날의 목요일
23   발왕산의 겨울
30   엘리트 미팅에서 만난 백수 청년
35   날마다 연필을 깎은 엄마
42   '나만 합격' 할아버지
48   어머니처럼 할 수 있을까
53   깍두기로 살아가기

2부_ 홀로 지내기를 배우는 시간

- 60 상견례
- 65 코로나와 함께한 일주일
- 72 요통과 함께
- 76 공항의 작은 방
- 82 할머니의 배추겉절이
- 86 냉커피 한 잔의 행복
- 91 그리움의 보따리를 풀며
- 96 금요일의 손님

3부_ 또 다른 세상으로 한 걸음

104 아름다운 거리 두기
109 백년손님과의 10주년
116 토리와의 만남
122 '파이브 할머니'의 1위 자리 사수하기
127 며느리와의 1년
133 귀요미 선발 대회
139 내 안에 기린이 서 있다
146 행복 토네이도

4부_ 충분히 좋은 지금의 나

154   목요일은 글방에 간다
160   걷고 또 걷는다
166   사이버 세상에 내 땅 만들기
174   충분히 괜찮은 우리
179   내가 오래 살아야 하는 이유
186   내 글의 첫 독자
192   부드럽고 줏대 있게
196   나를 소개합니다

204   추천사_ 이야기를 통해 연결되어/김유숙 교수
206   추천사_ 풍성하고 인간적이며 아름다운/최문훈 교수

손자가 한국에 나오면 나는 따뜻하고 말랑거리는 손을 잡고 홍대 앞 산울림 소극장 카페에 가보려고 한다. 함께 바닐라아이스크림을 먹으며 그 옛날 그곳에서 책을 읽었던 엄마의 어릴 때 이야기를 해주려고 한다. 손자와 내가 갈 때까지 그곳 카페의 불빛이 환히 켜져 있으면 좋겠다.

1부_ 내 마음의 양지

산울림 소극장 카페 •
그 겨울날의 목요일 •
발왕산의 겨울 •
엘리트 미팅에서 만난 백수 청년 •
날마다 연필을 깎은 엄마 •
'나만 합격' 할아버지 •
어머니처럼 할 수 있을까 •
깍두기로 살아가기 •

산울림 소극장 카페

신촌역에서 홍대 쪽을 향해 가다 보면 오른쪽으로 아담한 건물 '산울림 소극장'이 나온다. 지하엔 연극을 하는 소극장이 있고, 1층엔 차를 마실 수 있는 카페가 있다.

30여 년 전 겨울 어느 토요일 저녁, 우리 부부는 연극을 보러 갔다. 당시 같이 살던 시누이와 일곱 살 딸아이까지 대동하고 말이다. 그때 나는 둘째 아이의 출산을 앞둔 만삭의 몸이었다. 시누이와 연극 이야기를 하다가 극장 나들이를 하기로 했다. 아마도 당시 임신 막바지의 제한된 생활을 내가 답답해하고 있었던 것 같다. 과천 우리 집에서 홍대 앞까지는 먼 길이었지만 힘든 줄도 몰랐다.

우리는 근처에서 저녁을 먹고 산울림 극장으로 갔다. 공연 시각까지는 아직 여유가 있어 소극장 1층 카페로 들어갔다. 깔끔한 느낌의 실내엔 손님은 거의 없고, 서너 명의 직원이 있었는데 그들의 인상은 풋풋했다. 잠시 후, 차를 가져다준 젊은이는 카페에 어린아이가 나타난 것이 신기한지 딸에게 말을 시켰다.

"어디에 놀러 온 거야?"

"연극 보러왔어요."

아이의 말을 들은 젊은이는 걱정스러운 얼굴로 우리 부부를 쳐다보았다.

"여기 소극장은 어린이 입장이 안 돼요."

그 말을 들은 아이는 울상이 되었고 어른들도 내심 당황했다. 해결 방법은 누군가가 연극 관람을 포기하고 딸을 돌보는 것이었다. 시누이는 자기가 아이와 있겠다고 했지만 우리 부부는 일단 극장 담당자를 만나 사정해 보기로 했다.

"7세면 입장 되는 줄 알고 멀리서 왔어요. 아이가 어른 연극을 본 경험이 있으니 조용히 볼 겁니다. 지장 없도록 할 테니 좀 봐주세요."

"주연 여배우가 예민한 분이라 아이가 있으면 집중하지 못하니 절대 들여보내지 말라고 했어요. 곤란합니다."

그들이 '입장 불가'의 방침을 강조하니 더는 계속 우리 입장만 내세울 수 없었다. 남편은 잠시 다녀오겠다며 딸을 데리고 밖으로 나갔다. 이십여 분이 지났을까? 아빠와 돌아온 아이의 손에는 책 두 권이 들려있었다. 딸애는 카페에 남아 책을 보기로 했단다. 썩 내키지는 않았지만 어쩔 수가 없었다. 젊은 직원들에게 잘 봐달라며 부탁했다. 그들은 걱정 말고 편히 다녀오시라 했고 딸아이도 아이스크림을 먹으며 괜찮다고 했다. 지하 공연장으로 내려가는 우리 발걸음은 무거웠다. 연극을 보는 내내 '아이가 잘 있으려나' 하는 염려에 마음이 편치 않았다.

극이 끝나자마자 부리나케 1층으로 올라왔다. 그런데 뜻밖에도 딸아이는 아늑한 불빛 아래의 테이블에 앉아 웬 중년 여성과 편안히 이야기를 나누고 있는 게 아닌가.

우리가 아이 쪽으로 다가가자 그분이 반색하며 일어섰다.

"어머, ○○○ 교수!"

시누이를 향해 반갑게 인사를 했다.

"어머머, 오 교수님…. 안녕하세요? 그런데 어떻게 여기 계세요?"

"나는 여기 위층에 살아요. 근데 그쪽이야말로 어떻게 여기에…."

"연극 보러 왔어요. 여기는 저희 오빠와 올케언니고요. 애는 제 조카랍니다."

오 교수는 시누이와 같은 학교에 근무하는 불문과 교수이고, 극단

대표의 부인이었다. 산울림 소극장 건물 맨 위층에 사는데, 저녁을 먹고 카페에 내려왔다가 아이가 혼자 책을 읽기에 말동무해주고 있었다고 했다. 얼마나 감사하던지 나는 여러 번 고개 숙여 인사를 했다. 돌아오는 차에서 들으니, 그분은 딸에게 많은 걸 물으셨단다. '어느 학교에 다니는지, 그동안 무슨 책을 읽었는지, 어느 대목이 좋았는지, 왜 좋았는지' 하는 것들을 말이다.

 연극을 보고 온 후, 한 달쯤 지났을까? 시누이는 퇴근길에 동화책 몇 권을 들고 왔다. 오 교수님이 조카에게 가져다주라고 주신 거였다. 책 속지에는 '책을 사랑하는 어린이로 건강하고 씩씩하게 자라나길 바란다.'라고 쓰여 있었다.

 딸아이는 어려서부터 책 읽는 걸 좋아했다. 잠 들기 전 옆에 누워 책을 읽어주면 한 권만 더, 더 읽어달라고 졸랐다. 어느 때는 내가 피곤해서 스르르 먼저 잠이 들기도 했다. 이따금 부부 모임에 갈 때도 아이를 데려 갔다. 맡길 곳이 없을 때 책 두어 권을 아이 손에 들려서 가면 전혀 문제가 없었다. 딸은 초대받은 집 한쪽에서 책을 보며 혼자 잘 놀아서 우리 부부가 크게 신경 쓰지 않고 편히 다닐 수 있었다. 그래서 그날도 남편이 책을 사줘야겠다는 생각을 할 수 있었던 것 같다. 당황스러울 수도 있는 상황에서 남편은 차분하게 해결책을 찾았다. 아이 손을 잡고 나가 책을 사서 건네주며 다독였을 모습을 지금 생각해보니 누구보다 듬직한 남편이었고 자상한 아빠였구나 싶다.

딸아이가 계속 책을 가까이하고 흥미를 느꼈던 것은, 어린 시절 한 집에 살았던 고모가 동기부여를 톡톡히 해준 셈이다. 시누이는 어린 조카를 책방에 자주 데리고 다녔다. 어느 해 5월엔 동화책 주인공 이름에 딸아이의 이름을 넣어 세상에 하나뿐인 동화책을 주문 제작하여 어린이날 선물로 주었다. 자기 이름이 주인공으로 나온 동화책을 받아 든 딸은 이루 말할 수 없이 기뻐했다. 또한 그날 산울림 소극장 카페에서 만난 오 교수도 딸애가 책을 가까이하는데 적지 않은 영향을 준 것 같다.

딸아이는 친구도 많고 놀기를 좋아하는 편이라 진득하게 오래 앉아 공부에 파고드는 스타일은 아니다. 그럼에도 박사과정을 마치고 지금 대학에서 학생들을 가르치는 것을 보면 아마도 어려서부터 책을 가까이했던 영향이 컸으리라 생각된다.

34년 전 카페에서 책을 읽으며 어른들을 기다리던 일곱 살 딸아이는 지금 멀리 미국에 살며 어린 아들에게 책을 읽어주는 엄마가 되었다. 딸애가 보내주는 영상을 보면 그 옛날 대충대충 책을 읽어주던 내가 부끄러울 정도다. 딸애는 책 속에 깊이 들어가 감정을 풍부하게 살려 아들에게 재미있게 책을 읽어준다. 고맙고 흐뭇한 일이다. 잘 자라준 딸도 고맙지만 딸에게 좋은 영향을 주었던 분들이 감사하고 감사하다. 그리고 남편이 예전에 그랬던 것처럼 나도 손주들에게 그런 영향을 주는 할머니가 되고 싶다.

 미국 딸네 집에 가면 나는 손자를 데리고 대형 서점 '반스 앤 노블'에 자주 간다. 장난감도 사주고 아이가 고른 책을 사주기도 한다. 손자는 서점에 가자고 하면 "신난다!" 하며 좋아한다. 서점 나들이를 유난히 즐거워하는 것만으로도 이 할미는 뿌듯하다.

 손자가 한국에 나오면 나는 따뜻하고 말랑거리는 손을 잡고 홍대 앞 산울림 소극장 카페에 가보려고 한다. 함께 바닐라아이스크림을 먹으며 그 옛날 그곳에서 책을 읽었던 엄마의 어릴 때 이야기를 해주려고 한다. 손자와 내가 갈 때까지 그곳 카페의 불빛이 환히 켜져 있으면 좋겠다.

그 겨울날의 목요일

"내일 수능 추위는 없겠습니다."

수요일 저녁 TV에서 기상캐스터가 일기예보를 전했다. 목요일은 나에겐 글쓰기 가는 날로 기억될 뿐 수능 보는 날이라는 건 모르고 있었다. 수능 시험은 해마다 11월 중순 목요일에 있다는 것을 오늘 뉴스를 보고야 알았다. 문득 오래전 그해 겨울날 아침이 생각났다.

1999년 11월 중순의 목요일, 첫째가 수능 시험을 치르는 날이었다. 우리 집은 새벽부터 부산했다. 나는 오래도록 고심했던 수험생용 도시락을 준비하느라 정신이 없었다. 운전 담당인 남편은 뭘 거들어야 하는지 모르겠다는 표정으로 거실과 주방을 오가며 서성이고 있었다. 나는 고무 물주머니에 뜨거운 물을 좀 넣어달라고 했다. 역할을 부여받아서였는지 남편의 표정이 밝아졌다. 드디어 준비 완료! 우리 세 식구는 수험장을 향해 출발했다.

남편은 운전하면서 물주머니의 용도를 묻고 싶은 얼굴이었으나 참는 듯했다. 새벽에 일어난 딸은 연신 하품을 했다. 담임 선생님이 한 시간 전에는 고사장 앞에 도착하라고 하셨다지만 일찍 가도 안으로 들어갈 수 없었다. 차에서 기다려야 했다. 그렇다고 차에 히터를 틀고 공회전을 하는 건 내키질 않아 뜨거운 물주머니를 준비한 것이었다.

나는 긴장되어 말문을 닫았는데 남편은 운전하면서도 여유롭게 우스갯소리를 하며 평소와 다름없었다. 고사장 앞 골목길은 수험생을 태운 차들로 가득했다. 바로 그때였다.

"엄마, 옷이 축축해."

딸아이가 품에 안았던 물주머니를 내보였다. 아니, 이게 웬일인가? 물주머니에서 물이 조금씩 새고 있었다. 손끝이 야물지 못한 나와 달리 남편은 모든 면에서 찬찬한 편인데 물주머니 마개를 엉성하게 잠갔다니 믿어지지 않았다. 훗날 생각해 보니 그때 남편은 이미 많이 아팠던 것 같다. 한 달 뒤 췌장암 말기 판정을 받았으니 말이다.

물주머니에서 제법 물이 많이 샜는지 딸의 바지는 벌써 축축하게 젖어 있었다. 아이는 뜨거운 김이 서려서 축축한 느낌이려니 했지 물이 새는 것으론 상상도 못 했단다. 내 바지랑 바꿔 입어 보자고 했으나 딸은 괜찮다며 가방을 챙겨 일어났다. 나는 둘렀던 목도리를 풀어주며 젖은 곳의 찬 기운을 조금 막아보라 했을 뿐 달리 도와줄 방법이 없었다.

 축축한 바지를 입고 고사장 안으로 들어가는 딸을 보니 마음이 저려왔다. 하필이면 내가 왜 그 물주머니를 안겨줄 생각을 했는지…. 안타깝고 속상했다. 딸을 내려주고 돌아오는 차에는 침묵이 흘렀다. 남편과 나는 말을 할 줄 모르는 사람들처럼 서로 한마디도 하지 않았다. 그가 원망스러웠지만 이미 괴로워하는 표정이어서 굳이 더 비난할 필요가 없었다. 내가 이미 탈진되어 그럴 기운도 없었다.

 드디어 시험이 끝나는 시각 나는 다시 고사장 앞으로 갔다. 학교 친구들과 같이 올 테니 딸은 데리러 오지 말라고 했지만 시험 끝나그 나오는 딸의 얼굴만이라도 잠깐 보고 오려고 어둑해지는 교문 앞을 서성였다. 쏟아져 나오는 인파 속에 딸의 얼굴이 보였다. 표정이 한없이 어둡고 무거워 보였다. 딸은 친구들과 대충 인사를 나누더니 피곤하다며 어서 집으로 가자고 했다. 집으로 돌아온 딸은 저녁을 먹는 둥 마는 둥 하더니 컴퓨터 앞에 앉아 정답을 맞춰보며 이따금 낮은 탄식을 하기도 했다.

남편은 늦을 것 같다더니 9시쯤 집에 들어왔다. 둘째인 11살 아들과 놀아주면서도 딸의 기색을 살폈다. 정답 맞추기를 끝낸 딸은 계속 울적한 얼굴이었다.

"드라이브 나갈래?"

아빠의 제안에 딸은 고개를 끄덕이더니 코트를 걸치고 나왔다. 나는 피곤하고 몸살기도 있어서 둘째 아이 핑계를 대며 집에 있고 싶었지만, 결국 부녀를 따라나섰다.

강변도로를 한 바퀴 돌았으나 딸을 데리고 갈 곳이 마땅치 않았다. 우리는 미사리 쪽으로 방향을 돌렸다. 기타 소리가 들려오는 카페로 들어갔다. 아이와 함께 들어서니 센스 있는 사장님이 물었다.

"혹시, 오늘 수능 봤어요?"

수험생에게 주는 특별 서비스라며 주스 한 잔을 가져다 주었다. 무대에서는 젊은 가수가 통기타를 치며 노래를 불렀다. 제목은 모르지만 귀에 익은 곡이었다. 딸은 처음엔 카페 분위기를 어색해하더니 점차 기분이 나아지는 듯했다.

"통기타를 배워보고 싶어요."

딸이 말했다.

"그래? 한번 배워봐. 기타 좋은 것으로 사줄게!"

아빠가 기분을 맞춰주었다.

집에 돌아오니 새벽 한 시 둘째는 온 집 안에 불을 환하게 켜둔 채 곤히 잠들어 있었다. 아들 방에 들어가 불을 꺼주며 나는 쓰러지듯 방바닥에 잠시 누웠다. 피곤이 몰려와 몸을 가누기 힘들었다. 새벽 다섯 시에서 이튿날 새벽 한 시까지 온종일 긴장하며 지냈던 그 겨울날의 목요일 하루…. 길고 길었던 그날 하루는 그렇게 막을 내렸다.

젖은 바지를 입고 시험을 보러 갔던 딸은 가채점을 해볼 때는 망쳤다고 울상이었지만 다행히 점수가 잘 나와서 원하는 대학에 진학했다.

세월이 흐른 지금, 딸은 대학에서 학생들을 가르치며 아들을 키우는 워킹맘이 되었다. 예전에 내가 그랬던 것처럼 딸도 몇 년 후 시험장으로 아들을 들여보내고 마음을 졸이며 기다리는 그런 시간을 맞이하게 되리라.

수능 수험장에 나가는 이 땅의 모든 젊은이에게 힘찬 응원을 보낸다.

발왕산의 겨울

　뉴스 화면에 눈 덮인 대관령이 나온다. 강원도 산간에는 서울에선 볼 수 없는 큰눈이 30센티나 내렸단다. 자동차 지붕엔 눈 탑이 얹어져 있고, 길가에 쌓인 눈은 무릎까지 덮는다. 두툼한 옷으로 중무장한 사람들은 눈꽃나무 옆에서 환한 얼굴로 사진을 찍고 있다. 그들의 뒤로 멀리 발왕산이 얼핏 보인다.

　30여 년 전, 우리 가족은 겨울이 되면 발왕산에 있는 용평 스키장에 자주 갔다. 남편은 운동을 좋아하지 않았지만 스키만큼은 처음부터 적극적이었다. 어느 날 퇴근길에 스키복과 고글을 사 들고 들어왔다. 지인의 처남이 스키숍을 한다기에 하나 보내라고 했다는 것이다. 스키는 위험이 많은 운동이라는 생각에 그의 설렘이 반갑지 않았다. 또한 나는 추위를 많이 타는 편이라 눈벌판에 오래 서 있는 것도 싫었다. 같이 다니자는 남편의 제의가 내키지 않았다. 하지만 시작도 안 해보고 미리 반대부터 할 수 없는 노릇이었다. 평소 그의 지론은 가족이 다 함께 즐기길 바란다는 것을 잘 알기에 결국 나는 남편과 함께 스키를 배우기 시작했다.

남편은 스키를 즐겼다. 눈 덮인 산 정상에 올라 심호흡을 몇 번 하고 단숨에 미끄러져 내려오면 가슴이 뻥 뚫리고 모든 스트레스가 날아간다고 했다. 그 말을 들으니 내 마음도 열렸다. 회사일로 무거운 남편의 머리가 말끔해지길 바라며 나는 스키장을 들락거렸다. 어린 아이들을 챙기고 온 가족이 함께 즐기는 일에 동참했다.

다행히 아이들은 아빠를 닮았는지 겁을 내지 않고 금방 익숙해졌다. 처음엔 나와 초급에서 시작했지만 며칠 만에 중급 코스를 거쳐 아빠를 따라 상급 코스로 올라갔다. 남편은 나를 혼자 남겨두고 가는 것이 불편한지 살살 내려오면 된다고 상급으로 가자고 했다. 나는 남편의 권유를 뒤로하고 중급 코스에 남았다. 내 한계를 잘 알아서였다. 나는 높은 곳에서 속도 내 내려오는 것을 워낙 두려워했다. 심장이 드근거리고 다리가 떨렸다. 어릴 때 동네 아이들이 너나없이 신나게 타고 내려오는 미끄럼틀도 무서워했고 그네도 제대로 타지 못 했다.

스키장에서 잠시 헤어졌던 우리 네 식구는 점심에 만나 밥을 같이 먹었다. 남편과 두 아이는 서둘러 다시 눈벌판으로 나가고 나는 오후 시간은 주로 슬로프가 보이는 양지바른 2층 카페에 앉아 쉬었다. 차를 마시고 책을 읽으며 아이들이 즐기는 모습을 창밖으로 지켜봤다. 저 멀리 작은 점으로 시야에 나타난 아이들이 가까이 올수록 크게 보이는 것도 신기했고 남편과 두 아이가 각기 자기들만의 독특한 포즈와 동선으로 움직이는 것을 바라보는 것도 충분히 신선하고 재미있었다.

평화롭고 단출하던 우리 가족만의 겨울 여행은 그리 길지 않았다. 점점 다른 가족이 우리와 동행했다. 시댁 식구, 회사 동료, 친구네 가족 등이 번갈아 같이 다녔다. 그중에 특히 생각나는 두 팀은 바로 남편 친구였던 승호네와 영준네다.

어느 해 겨울 우리는 용평에서 3일을 같이 보내게 되었다. 운동 신경이 좋은 두 집 엄마는 처음이었는데도 나날이 실력이 늘었다. 첫날은 초급 코스에서 같이 탔고 둘째 날은 중급에서 셋이 즐겁게 놀다가 들어왔는데, 문제는 마지막 날이었다. 영준 엄마는 부부가 따로 다니니 재미가 덜하다며 내일은 다 같이 상급 코스로 가자고 했다. 다들 반기는 듯해서 그 자리에서 나는 속내를 이야기할 수 없었다. 숙소로 돌아와서야 남편에게 내 의견을 말했다.

"나는 상급에서 탈 자신이 없으니 신경 쓰지 말고 올라가세요."

"그럴 것 뭐 있어. 나도 내일은 중급에 있을래."

"그러면 내가 편치 않아요."

"혼자 상급에 가는 건 나도 불편해."

우리는 서로 고집부리다 결론 없이 잠이 들었다. 잠을 설쳤는지 이른 새벽에 눈이 떠졌다. 남편도 잠이 깬 눈치였다. 그러나 우리는 기척 없이 누워있었다. 그러다 어느 순간 침묵을 깨고 남편이 새벽 스키를 나가자고 했다. 새벽엔 사람도 별로 없고 낮과는 다른 독특하고 맑은 분위기가 있다며 부추겼다. 나도 실내가 답답하게 느껴지던 참이라 따라나섰다. 남편은 상급 코스가 생각보다 그렇게 힘들지 않다며 안심시켰다. 천천히 지그재그로 내려오면 된다며 딱 한 번만 같이 가보자고 했다. 정상에서 바라보면 발왕산의 경관도 전혀 다르게 보인다고 했다. 남편의 저의가 살짝 느껴졌지만 '얼마나 바라면 저럴까?' 싶어서 한번 가보기로 했다.

너무 긴장한 탓인지 나는 리프트에서 내릴 때부터 넘어지기 시작했다. 점점 더 무서워 다리가 후들거렸다. 아무리 천천히 움직이려 해도 경사가 급해 속도를 줄일 수가 없었다. 중간에 멈춰보려고 시도했는데 하필이면 바닥에 얼음이 숨겨진 곳이었는지 엣지가 먹지 않았다. 결국 균형을 잃고 나동그라져 한쪽 스키를 공중에 날려 버릴 만큼 크게 넘어졌다. 뒤따라오던 남편이 놀라 황급히 다가왔다. 나는 아픈 것보다 화가 나서 어쩔 줄 몰랐다.

"못 한다고 했잖아!"

발왕산이 떠나가라 소리쳤다. 내 목소리가 그렇게 날카롭고 우렁찬 지 그날 처음으로 알았다.

그로부터 25년이 흘렀다. 엊그제 연휴 끝 무렵에 아들은 친구들과 스키장에 가기로 했다며 방수 바지를 찾았다. 이제는 스키가 아니고 보드를 탄단다. 문득 예전 스키장 2층에 있던 카페가 생각났다. 그곳에 앉아 아들이 보드 타는 모습을 한번 지켜보고 싶었다. 그러나 이제 성인이 된 아들을 챙기러 따라나설 일은 다시 없을 것이다. LA에 사는 외손주가 오면 그 녀석 손을 잡고 눈벌판에 나가 보리라. 그리고 내가 좋아했던 양지바른 2층 그 카페에 가보리라. 자기 동네에선 볼 수 없는 눈을 바라보며 손주는 신기해할 테고 나는 그 모습을 보며 또 다른 행복에 젖을 것이다.

엘리트 미팅에서 만난 백수 청년

1977년 6월 25일, 그날은 일요일이었다. 나는 중학교 절친인 승희, 영선과 함께 그룹 미팅에 나선 길이었다. 한산한 무교동 거리의 어느 전파사에선 6·25를 기리는 노래가 울려 퍼지고 있었다.

"아아, 잊으랴! 어찌 우리 이날을~."

우리 셋은 소리 죽여 노래를 따라 부르며 카페로 향했다.

넓은 카페는 한산했다. 한쪽 구석에 남자 셋이 모여 있다가 우리가 문을 열고 들어가자 그 중 한 사람이 손을 번쩍 들었다. 윤철 오빠였다. 또 한 사람은 정수 오빠였고, 나머지 한 사람은 모르는 오빠였는데 옷차림이 미팅에 나온 게 맞나 싶었다.

그해 여름, 나는 취업 준비를 하느라 아침부터 도서관에서 살다시피 하고 있었다. 하루는 연락도 없이 승희가 불쑥 나타났다. 그녀는 중1 때부터 단짝으로 내가 어디서 뭘 하는지 훤히 꿰는 친구였다. 좋아하는 냉면 사주러 왔다며 신소리를 하더니 잠시 나가자고 했다. 뭔가 할 말이 있는 눈치였다. 아니나 다를까? 돌아오는 일요일 '엘리트 미팅'에 나가 달라는 부탁이었다. 그때는 대기업 신참 사원들과 졸업반 여대생의 미팅을 엘리트 미팅이라고 불렀다.

승희는 둘째 오빠의 부탁으로 W 회사의 직원들과 대학 친구들과의 엘리트 미팅을 주선해주기로 했는데 문제가 생겼다고 했다. 나오기로 했던 친구들이 갑자기 교수님이 주관하는 행사에 차출되어 못 나오게 되었단다. 그러니 그 자리를 좀 메꿔달라는 것이었다. 말이 부탁이지 실지로는 통보나 다름없었다. 갑자기 세 명을 충원하기 어려워 승희 자기도 나간다고 했다. 승희가 나가야 하는 일이라면 좋든 싫든 나도 같이 가줘야 했다. 중1 처음 만났을 때부터 우리는 많은 것을 함께했다. 특히 노는 일에는 바늘과 실처럼 같이 다녔다.

이왕 나가기로 했으니 우리는 의기투합하여 친한 친구 한 명을 더 고르기로 했다. 영선에게 연락을 해보니 좋다고 했다. 드디어 약속의 그날 우리 셋은 광화문에서 미리 만나 무교동까지 걸어가며 작전을 짰다. 영선이가 마음에 드는 사람이 있다고 하면 그를 영선이 파트너로 밀어주기로 하고 방법까지 미리 의논해 두었다.

 카페에 들어선 지 5분도 안 되어 야무진 우리의 계획이 아무 쓸모 없는 것이란 걸 알게 되었다. 우리만 급조된 팀이 아니었다. 남자 쪽도 모두 대타였다. 나오기로 했던 신입사원 셋이 약속이나 한 듯 모두 급하게 출장을 가게 되었다. 승희 오빠의 대학 친구인 윤철 오빠를 새로운 주선자로 하고 그 친구인 경환 오빠와 정수 오빠가 급히 불려나와 그 자리에 앉아 있었던 것이다. 처음부터 어느 한쪽이라도 솔직했더라면 굳이 여섯 사람은 만나야 할 이유가 없던 미팅이었다. 상대방에게 실례될까 봐 내색을 못 하고, 새로운 멤버를 구하고 숫자를 맞춰서 전혀 엉뚱한 남녀 여섯이 모였다.

 남자 셋 중 두 사람은 회사원으로 말끔한 모습이었다. 나머지 경환 오빠라는 사람은 독특한 모습이었다. 부스스한 머리에 후줄근한 옷차림, 자다 깬 듯한 얼굴, 도대체 뭐 하는 사람인가 싶었다. 그는 자신을 백수라고 소개했는데, 윤철 오빠가 대신 나서더니 미술 공부하러 파리에 갈 준비를 하고 있다고 했다.

 그즈음 윤철 오빠는 약혼 단계인 여자 친구와 갈등이 있었는데 경환 오빠에게 연애 상담을 하느라 아무 때나 그 집에 드나들었단다. 그날도 아침부터 집에 와서 깨우길래 애인에게 결별 통보라도 받았나보다 생각했단다. 동네 공원에 나가보려는 마음으로 따라나섰는데 어쩌다 보니 부스스한 몰골로 무교동까지 진출하게 되었다고 했다. 양쪽의 상황을 듣고서 여섯 사람은 그저 허탈하게 웃고만 있었다.

　마음이 따뜻한 윤철 오빠는 이왕 이렇게 나왔으니 오늘 하루 즐겁게 지내자고 했다. 여섯 명은 청량리에서 기차를 타고 청평으로 갔다. 승희는 어릴 때부터 오빠 친구로 봐 왔던 그들을 친근하게 대했고 영선도 승희를 따라 그들을 '오빠'라고 부르며 오래 알던 사람들처럼 따랐다. 비록 파트너로 내키는 사람은 없었지만 세 명 모두가 착해 보여서 친척 오빠들처럼 느껴졌단다.

　그날 청평에서 놀았던 것이 즐거웠는지 윤철 오빠의 주도하에 우리는 한동안 뭉쳐 다니며 볼링, 등산, 영화관람 등을 함께했다. 남자 쪽에서는 한 명이, 그리고 우리도 세 명이 뒤늦게 합류하여 열 명의 그룹이 형성되었다.

　우리는 무교동 음악다방 '아가페'에서 토요일에 만나곤 했다. 시간이 되는 사람은 누구나 나오는 모임이어서 4명, 5명… 인원이 매번 달랐고 열 명이 한꺼번에 모인 적은 거의 없었다. 우리들의 모임은 몇 달이나 즐겁게 계속되었다. 백수 청년과 내가 따로 만나기 전까지는 말이다. 경환 오빠와 나는 3년을 연애하다가 결혼했다. 승희, 영선이도 비슷한 시기에 앞서거니 뒤서거니 평생의 짝을 만나 가정을 꾸렸다.

현재의 삶은 뚜렷한 형태가 없거나 혹은 나날이 그 모습을 바꾼다. 오히려 아득히 먼 과거와의 추억이 더 명확한 그림으로 내게 남아 있다. 우리 셋은 그 후로도 가끔 그때 유월 일요일의 엘리트 미팅 이야기를 하며 깔깔거린다. 그리고 그 시절의 찬란했던 우리 젊음과 순수하나 철없었던 무모함을 그리워한다. 신기한 일은 가뭇없이 사라져 버린 건 몸의 젊음 뿐, 마음속에는 그 시절의 감성이 그대로 남은 것에 우리는 놀란다. 그러다가 다시 현재의 모습을 자각하고 잠시 침묵에 빠지곤 한다.

지금은 승희도 영선이도 나도 모두 손주를 둔 할머니가 되었다. 그러나 20대 초반의 우리는 머나먼 미래를 예측하지 않았다. 우리가 어떤 할머니가 되어 있을지 생각하지 않았다. 사랑하는 사람이 어떻게 변할지, 그와 어떤 끝을 맞이할지 두려워하지 않았다. 그 끝을 모르던 그때와 그 끝을 알아버린 지금, 마음이 아무리 요동친다 해도 청춘은 흘러갔고 그 계절을 지나와 버렸다. 그럼에도 가끔은 지나간 기억이 가슴속으로 성큼성큼 들어와 있다. 아름다운 추억이란 이름으로.

날마다 연필을 깎은 엄마

　서점에 나갔던 손자가 쇼핑백에서 노란색 책 한 권을 꺼내어 선물이라며 건네준다. 제목은《연필 깎기의 정석》, 지은이는 '데이비스 리스'. 겉표지엔 뾰족하게 깎인 연필 모양이 길쭉하게 그려져 있고 굵고 검은 고딕체로 '장인의 혼이 담긴 연필 깎기의 이론과 실제'라고 부제가 쓰여 있다.

　책 겉표지에 그려진 실물 크기의 연필을 한참 동안 보았다. 연필 그림을 보고 있자니 십여 년 전 세상을 떠난 친정엄마가 생각났다. 내가 초등학생일 때 엄마는 저녁이면 연필을 뾰족하게 깎아서 필통에 가득 채워주셨다. 하루도 거르지 않았다.

철없고 무심했던 나는 어느 가정에서도 엄마라면 당연히 자녀들에게 그렇게 해주는 것이려니 생각했다. 그러나 세상 모든 엄마가 날마다 연필을 깎아 필통에 넣어주지 않는다는 걸 알게 된 것은 5학년 담임 선생님 덕분이었다.

어느 날, 5학년 우리 반은 시험을 보고 있었다. 담임 선생님은 아이들 책상 사이를 조용조용 걸어 다니며 시험 감독을 하다가 내 책상 옆에서 걸음을 멈추셨다. 어쩐 일인지 내 필통을 열어 보셨다.

"세상에!"

필통 속에 가지런히 놓인 뾰족한 연필들을 본 선생님은 소리를 내며 감탄하셨다. 시험을 보느라 집중하던 아이들이 일제히 내 쪽으로 고개를 돌렸다. 반 아이들 시험에 방해되게 개인적인 감정을 소리로 표현하다니…. 나는 선생님의 그런 무모함이 마음에 안 들었다.

엄마가 깎아준 연필을 본 이후로 선생님은 유독 나를 예뻐하셨지만 나는 뻣뻣하게 대하고 선생님께 마음을 주지 않았다.

"○○ 엄마는 연필을 정말 잘 깎으시네!"

선생님은 내 마음을 아는지 모르는지 지나가는 나를 불러 세워 칭찬하셨다. 다른 반 선생님들 앞에서도 우리 엄마의 연필 깎은 솜씨를 대놓고 자랑하셨다.

뾰족하게 깎은 연필을 극찬한 계기로 엄마는 담임 선생님과 부쩍 가까워졌다. 선생님 말씀이라면 무조건 신봉했다. 계절마다 교실 화분을 바꿔 놓고, 커튼도 자주 세탁해서 걸어놓으며 부지런히 학교를 들락거리셨다. 그러더니 선생님과 계(契)를 같이할 정도로 친밀해졌다. 선생님과 같은 계원이라는 것을 내 앞에서는 쉬쉬하셨지만 엄마가 이모와 하는 이야기를 듣고 알게 되었다. 다만 귀찮아서 내색 안 하고 모르는 척했을 뿐이다.

5학년 담임 선생님은 날렵한 안경을 쓰고 옷을 세련되게 입으셨다. 목소리도 크고 의욕적이어서 남에게 지는 것을 싫어했다. 당시 반장이었던 나는 1년 내내 몹시 힘겹고 부담스러울 때가 많았다. 열의가 많던 선생님은 무엇이든 우리 반이 제일 잘해야 하고 우리 반 반장이 전교의 리더여야 한다고 욕심을 부리셨다. 키만 컸지 평범한 외모였던 내가 담임 선생님의 입김으로 표준전과의 표지 모델도 되어보았다. 표준전과는 당시 동아전과와 쌍벽을 이루는 교과서 보충 참고서였다. 학교 수업을 빼먹고 온종일 송추계곡을 돌아다니며 배우처럼 웃으며 사진을 찍고 또 찍는 일은 고역 그 자체였다. 인생을 살아가며 너무 의욕적이고 성취 지향적인 사람을 내가 덜 좋아하는 것은 아마도 5학년 때 담임 선생님의 영향도 한몫했으리라.

2학기엔 전교 어린이 회장 선거가 있었는데, 선생님은 당연히 나를 내보내려고 엄마와 전략을 짜는 듯했다. 엄마와 선생님은 호흡이 척척 맞았다. 전교 어린이 회장 출마는 내가 바라는 바가 아니었다. 안 나가겠다고 엄마와 신경전을 벌였다. 엄마는 몹시 당황해하며 선생님이 너를 얼마나 예뻐하는데 그러느냐며 설득하셨다. 나는 불출마의 뜻을 굽히지 않았다. 엄마의 마음을 접게 하려고 그동안 속에 감추었던 이야기를 털어놓기로 했다. 몇 달 전 선생님 심부름하러 나갔다가 놀란 일이었다.

따뜻한 봄날이었다. 청소 시간에 선생님이 날 부르시더니 길 건너 상업은행에 좀 다녀오라고 하셨다. 나는 선생님이 주신 현금과 통장을 들고 학교 앞 지하도를 걷는데 갑자기 정전되었다. 비록 몇 분간이었지만 지하도는 암흑이었다. 불이 들어올 때까지 두려움에 숨이 멎는 듯했다. 엄살을 보태서 엄마에게 그 이야기를 들려줬다.

"그때 너무 놀랐는지 지금도 이따금 가슴이 두근거려. 아마 회장 후보로 정견 발표하러 단상에 올랐다가 쓰러질지도 몰라."

뒤늦게 듣는 이야기에 엄마도 놀란 표정을 지으셨다. 비로소 아쉬워하면서 나의 회장 출마를 포기했다.

결국 5학년 담임 선생님의 뜻을 저버렸지만 뾰족하게 깎은 연필을 보면 오래전 일이 생각나곤 한다. 엄마의 영향 덕분인지 나는 아직도 뾰족하게 깎은 연필로 글씨 쓰는 것을 좋아한다. 낡은 문구용품은 많이 처분했지만 결혼 초 일본에서 남편이 사 왔던 연필깎이는 그대로 쓰고 있다. 40여 년 된 연필깎이는 110볼트용이라 콘센트가 허용되는 곳에서만 써야 하는 제한이 있지만 연필은 아주 잘 깎인다. 기계에 나무 연필을 살짝 밀어 넣으면 손자가 선물로 준 책 표지에 나와 있는 연필처럼 날렵하게 깎여 나온다. 정갈한 연필을 보고 있으면 기분이 좋아지고 공연히 설렌다.

  연필 깎기 장인이 쓴 책을 뜻밖에 선물 받고 나는 시간 여행을 하고 왔다. 훌쩍 50여 년 전으로 돌아가 연필을 기막히게 깎았던 엄마와 그 솜씨를 깊이 감탄하셨던 5학년 담임이었던 윤 선생님을 오랜만에 떠올렸다. 날마다 필통 가득 연필을 깎아주며 엄마는 어떤 마음이셨을까. 딸이 어떤 인물이 되길 바라셨을까.

  우리 엄마는 자식을 위해 연필을 깎으셨는데, 저자는 어떤 사연으로 연필 깎기의 장인이 되어 그 이야기를 224페이지에 담았는지 궁금하다. 서둘러 데이비드 리스 씨가 쓴 노란 표지의 책 첫 장을 펼친다.

'나만 합격' 할아버지

　시어른을 모시는 일은 긴장의 연속이고 스스로 부족함을 깨닫는 일이다. 내가 그랬다. 식사 준비, 친척들 손님 접대 등 모든 것이 익숙지 않아 긴장하고 허둥거렸다. 그중에서도 가장 적응이 더뎠던 것은 아버님과 보내야 하는 저녁 시간이었다. 남편은 회사일이 많아 밤늦게 귀가할 때였기에 나는 어린 딸을 재우고 아버님과 둘이 TV 뉴스도 보고 드라마도 같이 보아야 했다. 새색시 티를 벗지 못한 시기에 내가 느꼈던 어색함과 불편함이란…. 뉴스도 드라마도 귀에 잘 들어오지 않았다. 그보다는 차라리 아버님이 들려주시는 고향 이야기가 한결 재미있고 마음이 편했다. 친정아버지도 평양 출신이셔서 어쩌면 그 이야기들이 더 친근하게 느껴졌는지도 모르겠다.

그중 가장 기억에 남는 일화는 입학시험에 얽힌 에피소드다. 학생 때 아버님은 동네 친구들 몇 명과 입학시험을 보러 대도시로 갔다. 다행히 시험에 합격하셔서 그 기쁜 소식을 한시바삐 전하고자 집으로 전보를 치게 되었다. 문구를 적다 보니 한 가지 고민거리가 생겼다. 같이 시험을 본 친구들의 결과도 궁금해할 터인데 어떻게 써야 할까? 궁리 끝에 네 글자 '나만 합격'이라고 썼다. 그 짧은 전보 한 통으로 동네 사람들은 자기네 자식들 시험 결과를 알 수 있었다고 한다. '나만'이라는 표현이 너무한 거 아니냐고 가족들이 말했을 때 아버님은 해맑게 웃으며 변명하셨다.

"그땐 전보가 글자 수로 돈을 내야 해서 짧게 쓸 수밖에 없었지."

아버님을 생각하면 저절로 떠오르는 말들도 있다. 그중 하나가 '말째다(불편하다)'이다. 친정에서 어려서부터 듣고 자란 어휘라서인지 평상시 쓰는 말에는 나도 의식하지 못하는 평안도 사투리가 섞인 모양이었다. 한번은 전기공사를 하는 설비기사가 스위치를 너무 구석에 설치하는 것을 보고 아버님께 말씀드렸다.

"아버님, 저기에 달면 좀 말짼 것 같아요."

그때 아버님은 반색하셨다.

"어떻게 '말째다'라는 말을 아느냐?"

그저 어려서부터 들어온 말을 나도 모르게 썼을 뿐인데 아버님은 말이 통하는 며느리를 얻었다는 듯 기뻐하셨다. 물론 나 역시 어리둥절하면서도 뿌듯했다.

아버님이 계시다 보니 우리 집엔 친척 어르신들의 방문이 잦았다. 며느리인 나는 손님 접대가 힘에 겨웠으나 손녀 자랑에 신바람이 나신 아버님을 뵈면 불평할 수도 없었다. 그 시절 네댓 살이던 딸아이는 어르신들 앞에서 동화책을 줄줄 외우곤 했다. 물론 친척 분들은 영특하다 칭찬해주시면서도 '우리 손주들도 다 저랬다'며 평범한 반응을 보이셨으나 아버님은 손녀의 재롱을 너무나도 자랑스러워하셨다. 세상에 없는 특별한 손녀라 여기시는 게 눈에 보이니 손님들 뵙기가 민망할 때도 많았다. 한편으론 아버님의 손녀에 대한 무한 사랑이 느껴져 뭉클하기도 했다.

당시 아버님께서는 60대 중반으로 건강한 편이었다. 친척들은 악처가 열 효자보다 낫다며 새로운 배필을 만나보라고들 하셨다. 아버님은 마다하셨다. 손녀와 지내는 것이 더할 나위 없이 행복하다며 오히려 손주와 함께 살지 않는 친척 분들을 안타깝게 여기셨다. 주위에서 그래도 손자가 하나 있어야 하는 거 아니냐고 할 때마다 아버님은 '열 손자 안 부럽다'고 손녀를 자랑스러워하셨다.

폐암 투병 2년 중 상당 기간을 아버님은 세브란스병원에 입원해 계셨다. 당시 직장에서 4시 반에 퇴근을 하면 부리나케 집으로 달려가서 7살 딸아이를 데리고 병원으로 갔다. 그 길을 버스 두 번, 택시 한 번을 갈아타고 갔다가 밤 9시경 퇴근하여 오는 남편과 교대하고 집으로 돌아오는 것이 일상이었다. 딸아이가 병원 출입이 제한되는 어린 나이였지만 한식구처럼 친해진 병동 간호사들이 건물의 비밀 통로를 가르쳐줘서 우리 모녀는 무사히 병실에 드나들 수 있었다.

지금 생각해 보면 '어떻게 그게 가능했지?' 그때만 해도 정情이 있던 시절이라 가능했다고 해야 할까, 아니면 너나 할 것 없이 무모하던 시절이었다고 해야 할까. 병동의 간호사들은 매일 저녁 나타나는 우리 딸을 조카처럼 반갑게 대하며 이 병실 저 병실을 데리고 다녔다. 30여 년 전 일이지만, 나는 아직 그때 병실 복도를 걸어가던 두 사람의 뒷모습이 또렷이 기억난다. 링거병이 걸린 트레이를 밀고 가는 간호사와 그 옆에서 얌전하게 따라가던 딸아이. 귀여운 양갈래머리와 원피스 자락이 아직도 눈앞에서 나풀거리는 것만 같다.

그 시절 할아버지 병실에서 그림을 그리거나 종이 인형놀이를 하던 일곱 살 딸아이는 성장하여 긴 시간이 흘렀지만 할아버지를 잊지 않고 지낸다. 미국 대학원에 진학할 때도 지원 에세이를 쓰면서 할아버지와 올림픽 이야기를 언급했을 정도이다. 아버님은 우리나라에 펜싱을 처음 들여오신 분이다. 유학 중 취미로 체코 코치에게 펜싱을 배우시던 아버님은 그에 매료되어, 전공인 법학 공부를 뒤로하고 우리나라에 펜싱을 들여오셔서 그것을 보급하는데 일생을 헌신하셨다. 손녀는 그런 할아버지의 삶을 에세이에 담았고 마침 그 글을 읽게 된 교수는 올림픽을 연구하던 분이어서 훗날 무척 친근하게 대해줬다고 한다.

그러고 보면 사람의 기억이란 참으로 묘하다. 딸은 일곱 살 때 할아버지를 마지막으로 뵈었다. 이후 집안 식구들에게서 할아버지 이야기를 자주 들으며 자랐기에 할아버지에 대한 기억이 옅어지지 않고 점점 더 강화된 것 같다. 이따금 딸아이는 '나만…'이라는 말을 암호처럼 쓴다.

"엄마, 후배들은 회식 끝나고 2차 갔는데 '나만' 귀가했어요."

전화기 너머의 목소리에선 할아버지를 그리워하는 손녀의 마음이 그대로 느껴진다.

아버님이 떠나시고 이듬해 우리 둘째가 태어났다. 늦둥이 아들은 온 집안의 귀여움을 독차지했다. 딸은 할아버지 사랑을 받아보지 못한 남동생이 안됐다고 했다. '나만 합격' 할아버지의 진한 사랑을 제대로 받아봐서 하는 소리였다.

딸처럼 나 또한 아버님을 잊지 않고 살아간다. 손녀를 쳐다보며 활짝 웃으시던 인자하신 모습, 이 부족한 며느리를 다독여 주시던 자상한 모습이 또렷하게 떠오른다. 그런데 벌써 30년이 지난 일이라니….

고백하건대 내가 결혼을 결심하게 된 데에는 아버님의 좋은 인상이 적지 않은 영향을 미쳤다. 연애 시절에도 예비 시아버님을 뵐 때마다 자녀들과 밝고 소탈하게 소통하시는 모습이 참 보기 좋았다. 어른으로서의 권위는 내세우지 않고 자녀들을 정겹게 대하며 즐겁게 보내셨다. 어찌나 보기 좋고 훈훈하던지 남편이 앞으로 아이들에게 아버님과 같은 아빠가 되어준다면 더 바랄 게 없겠다는 생각이 들었다.

둘째인 아들은 할아버지를 꼭 닮았다. 콧날이 오뚝하고 머리숱이 많은 모습뿐만 아니라 어진 성품까지 영락없다. 나는 아들이 할아버지의 건강한 유머와 가족과 나누던 깊은 사랑을 그대로 이어가기를 바라고 있다.

어머니처럼 할 수 있을까

집수리하며 많은 물건들을 정리했다. 나이가 들면 끌어안고 사는 것보다는 버리는 법을 알아야 한다고 말은 하면서도 그게 쉽지 않다. 물건들 중 마지막까지 내놓지 못하고 머뭇머뭇한 것이 있었다. 고민하다가 편지 다발은 보관하기로 마음먹었다. 연애 시절 남편과 주고받았던 편지, 아이들이 어버이날 건네준 편지들은 도저히 버릴 수가 없었다. 간직하기로 하고 다시 정리하는데 생각보다 많은 에너지와 시간이 들었다. 손에 잡히는 대로 다시 읽어보며 그때 그 시절의 감정에 젖어들었다.

그중 나에게 말을 거는 듯한 편지 한 통이 있다. 하늘색 얇은 항공

우편 편지지. 색이 바래고 접힌 자국이 갈라지고 나달나달해진 편지는 40여 년 전 시어머니께서 보내주셨다. 결혼 2년 후, 딸이 태어나자 해외에 계신 어머니께 아이의 사진과 커가는 모습을 세세히 써서 편지를 보내 드렸다. 어머니께서도 정성껏 답장을 해주셨는데 글씨가 어찌나 미려하던지… 나는 미처 내용을 읽기도 전에 필체에 감탄하곤 했다. 편지에는 이따금 연필로 들꽃을 그려 보내시기도 했는데 보통 솜씨가 아니셨다. 남편이 취미로 그림을 그려 미술대전에서 수상을 하기도 했던 것은 아마도 어머님의 그 재능을 이어받은 것이 틀림없다 싶었다.

어머님을 가깝게 뵌 것은 결혼식 한 달 전이었다. 이웃 나라의 병원에 근무하셨던 어머님은 아들 결혼식에 맞춰 한 달 정도 나와 계셨다. 사정이 그러하다 보니 실제로 어머님을 가까이에서 뵌 기간은 그리 길지 않았다. 우리 집에 함께 계시는 그 짧은 기간 동안 어머님은 나에게 깊은 인상을 남기셨다.

결혼식이 끝나고 친척들을 초대해 집들이하던 날이었다. 나는 부엌에서 전을 부치느라 진땀을 흘리고 있었다. 생각처럼 모양이 예쁘게 나오지 않았기 때문이다. 그런 내 상황을 눈치채셨는지 어머님은 슬쩍 곁으로 다가와 나지막이 말씀하셨다.

"부담 갖지 말고 편안히 해. 이런 건 중요한 게 아니란다. 마음만 먹으면 금방 잘할 수 있어."

어머님의 그 말씀이 어찌나 힘이 되던지 나는 그때 천군만마를 얻은 기분이었다.

밤늦은 시각 친척들이 모두 떠나자 어머님은 아버님께 인사를 하셨다.

"오늘 너무 고생하셨어요."

곁에서 들은 나는 잠깐 귀를 의심했다. 수고는 음식 준비하느라 동동거린 형님과 내가 했고 아버님은 하루 종일 허허허 즐겁게 웃기만 하셨는데, 어머님은 왜 아버님께 인사를 올리시는 걸까? 잠시 고개를 갸웃거렸지만 곧 이어진 어머님 말씀으로 의문이 풀렸다.

"애들이 수고를 많이 했으니 용돈을 좀 두둑이 주세요."

어머님은 아버님께 부드러운 어조로 말씀하셨다. 기분이 한껏 좋으셨던 아버님은 그날 우리에게 두둑한 금일봉을 주셨다. 하사금을 받으며 나는 깨달았다. 어머님이 아버님을 먼저 높여 드리고, 수고한 며느리와 딸을 아버님께서 칭찬하게 하신 그 깊은 뜻을 말이다.

주변을 두루 살피며 훈훈하게 하시는 어머님의 그 덕담 화법을 본받고 싶었다. 남편에게 사용해보려 했으나 쑥스러움을 타는 나의 성격상 잘되지 않았다. 어쩌면 그런 대화를 주고받기에는 나도 남편도 그때는 너무 젊었는지 모르겠다.

당신의 친손녀가 태어났지만 멀리 계시던 어머님은 직접 얼굴을 볼 수가 없었다. 사진을 보고 또 보시며 만날 날을 손꼽아 기다리셨다. 그러나 딸이 첫돌이 되기 한 달 전에 어머님은 지병인 심장병으로 소천하셨다. 아이 첫돌을 맞아 어머님을 뵈러 갈 계획이었는데…. 하늘은 우리에게 그 시간을 허락하지 않았다.

밝고 순수하며 긍정적이셨던 어머님. 옛 편지를 꺼내 읽으며 나는 자애로운 어머님 모습을 다시 떠올린다. 생각해 보니 40년 전 어머님은 우리 곁을 떠나신 게 아니었다. 그 세월 동안 늘 내 안에 살아계시며 결결이 일깨워 주셨다. 한 집안의 바람직한 어른의 모습으로, 또한 젊은이를 어찌 사랑해야 하는지를 일깨워 주시는 모습으로 말이다.

자녀에게 오래도록 귀감이 된다는 것은 얼마나 귀하고도 어려운 일인가? 머지않아 며느리를 맞이하는 나는 닮고 싶은 분으로 바로 우리 어머님을 떠올린다. 며느리를 순수하게 믿어주며 사랑과 지지를 보내 주셨던 분, 그러면서도 적당히 거리를 두어주셨던 어머님….

세월이 흘러 어머님 나이가 되고 보니 그게 쉽지 않은 일이라는 걸 이제야 알겠다. 나도 며느리에게 어머님이 내게 하셨던 것처럼 할 수 있으면 좋겠다.

'나도 어머니처럼 할 수 있을까?'

자신이 없기도 하지만 어머니께서 응원해주시리라 믿고 즐거운 가슴으로 노력해보려 한다. 아, 어디선가 어머님의 음성이 들리는 듯하다.
　"부담 갖지 말고 편안히 해. 마음만 먹으면 잘할 수 있단다."

깍두기로 살아가기

　시청 앞을 지나다가 무엇에 끌리듯 덕수궁 안으로 들어갔다. 출입구 주변은 넓어진 듯했으나 정문 옆의 연못은 좁아진 채로 그 자리에 있었다.
　중학교 입학을 앞둔 겨울, 나는 처음으로 이곳에서 스케이트를 타기 시작했다. 꽁꽁 얼어붙은 연못 위를 날이 긴 스케이트를 신고 조금 가다 넘어지고 또 넘어지는 나를 쳐다보며 엄마는 안타까워하다가 환히 웃기도 하셨다. 그때 보던 엄마의 웃는 모습이 평생 내가 봤던 가장 행복한 웃음이었다. 엄마가 세상을 떠난 지 어느새 6년…. 덕수궁은 언제나 엄마가 생각나는 곳이다.

서울 서소문동에서 나고 자란 나는 동네 친구들과 덕수궁 근처와 광화문 골목길을 몰려다니며 지냈다. 우리 동네는 4차선 대로를 가운데 두고 양쪽으로 단독주택들이 있었는데 집마다 대문을 열어놓고 내 집처럼 오가며 살았다. 집마다 형제 서넛은 보통이던 시절, 우리 집은 오빠와 나 둘뿐이었다. 엄마는 부지런하고 상냥해서 우리 집에는 늘 동네 아주머니들이 북적거렸다. 함께 뜨개질도 하고 옥수수도 삶아 드시곤 했다. 그렇게 가깝던 이웃이었는데 아이들이 초등학교에 가게 될 즈음 동네에는 묘한 기류가 흘렀다.

  골목 하나를 사이에 두고 우리 집 쪽은 남대문, 건너편 쪽은 덕수국민학교로 입학통지서가 나왔다. 덕수는 명문으로 소문난 학교였다. 그곳 출신은 명문 중학교는 누워서 들어간다고들 했다. 엄마는 오빠의 입학을 앞두고 기류계를 잠시 건너편 집으로 옮겨놓으셨다. 훗날 국회 청문회에 자주 등장하는 위장 전입을 하신 셈이다. 그러나 입학을 앞두고 동사무소에서는 입학 예정 학생 실사를 나왔고, 오빠는 원상 복귀되어 남대문 국민학교에 다니게 되었다.

  늘 한집처럼 오가던 앞집 아들이 덕수국민학교에 다니는 것이 마냥 부러웠던 엄마는 오빠를 일류 중학교에 보내는 것이 인생 최대의 과제인 것처럼 정성을 다했다. 오빠가 6학년이 되자 친구들을 모아 우리 집에 유명 선생님을 모셔놓고 과외를 시켰다. 목재소에서 특별히 주문 제작한 큰 책상과 걸상을 들여놓고 중앙엔 작은 칠판을 세워 놓은 대청마루는 작은 입시 학원 같았다.

엄마는 매일 그들의 간식을 챙겨주느라 분주히 움직였다. 찐빵과 도넛을 직접 만들기도 하고 덕수제과에서 크림빵과 소보로빵을 사오기도 했다. 엄마의 정성 어린 뒷바라지에도 오빠는 시험 운이 없었는지 중학교 입시에서 낙방했다. 너무 낙심한 엄마는 한동안 웃음을 잃었다.

이듬해 내가 6학년에 올라갈 때가 되자 엄마는 다시 의욕이 생기는 것 같았다. 중학교 입시를 앞두고 우리 동네 6학년들은 고3 못지않은 열기로 과외를 하며 야단법석이었다. 나는 오빠 때의 요란함이 생각나서 과외를 하지 않겠다고 했다. 엄마는 소극적인 태도를 안타까워하셨지만 나는 끝내 고집을 꺾지 않았다.

오빠가 마루에서 과외 수업을 받는 소리는 언제나 내 방까지 크게 들리곤 했는데 그 귀동냥이 효율적인 예습이 되었는지 나는 엄마가 바라는 중학교에 합격했다. 오빠 때의 아쉬움을 보상받으신 듯 엄마는 기운이 살아나셨다. 그 뒤로 엄마는 나에게 점점 많은 기대를 하셨고 나는 그것이 늘 부담스러웠다.

일상에서 내가 바라는 모습은 앞에 나서지 않고 한걸음 물러나 성실한 2진 멤버 깍두기처럼 살아가는 것이었다. 아마도 집안 대소사에 나서기를 좋아하는 엄마를 지켜보며 생긴 피로감이었을까? 아니면 타고난 성격이 그러했는지는 모르겠다.

남편은 2남 3녀의 차남이었기에 나는 결혼 후 둘째 며느리로서의 삶을 살게 되려니 했다. 그러나 홀로 되신 아버님께서 우리와 한집에 지내시면서 나는 온갖 친척 모임에 아버님을 모시고 나갔다. 그러다 보니 본의 아니게 전면에 나서는 며느리로 살게 되었다. '신은 인간이 너무 바라는 일은 들어주지 않는다'더니 아마도 나는 신이 외면할 만큼 뒷전의 삶을 원했나 보다.

주위를 돌아보면 집마다 가족 안에서 살아가는 모습도 참 다양하다. 맏이처럼 사는 막내도 있고, 부모 노릇을 하는 자녀도 있다. 깍두기로 살아가기를 원했던 나. 모든 것이 뜻대로 되지 않는다는 것을 깨닫게 된다. 그저 나에게 주어지는 대로 받아들이고 묵묵히 살아 나가야 한다. 주연으로 살든 조연으로 살든 상황에 따라 그 의미를 즐겁게 받아들일 일이다.

어느덧 '만남과 이별'의 달인이 되어 버렸다. 아이들과 떨어져 지낼 땐 그리움의 보따리가 풀리지 않도록 야무지게 묶어놓고 참고 살다가, 다시 만나게 될 날이 다가오면 그동안 묶었던 보따리를 풀어주며 갇혔던 그리움이 조금씩 터져 나오도록 내버려 두었다.

2부 _ 홀로 지내기를 배우는 시간

상견례 •
코로나와 함께한 일주일 •
요통과 함께 •
공항의 작은 방 •
할머니의 배추겉절이 •
냉커피 한 잔의 행복 •
그리움의 보따리를 풀며 •
금요일의 손님 •

상견례

　책장 정리를 하다가 어느 책갈피에 끼워진 사진을 보았다. 딸의 상견례가 있던 날 찍은 스티커 사진이다.
　2015년 3월 초, 뼛속으로 추위가 스며들던 이른 봄날이었다. 혹시라도 늦을까 봐 서둘다 보니 너무 일찍 도착했다. 식당 옆 상가를 구경하던 중 아들과 딸, 나, 셋이 찍었던 사진이다. 사진 속의 우리는 한껏 차려입었지만 표정은 굳어 있고 다소 긴장되어 보인다.
　어려서부터 딸은 일곱 살 아래의 남동생을 귀여워하고 잘 챙겼다. 직장생활을 할 때도 출장을 가면 누구의 선물보다 동생의 티셔츠나 운동화를 사다 주었다. 그러나 넘침은 모자람만 못한 법, 남매간의 우애도 성인이 되어 각자 가정을 이룰 나이가 되면 조금 거리를 두는 것이 낫다는 생각이다. 막상 딸의 결혼을 앞두고 보니 아들에게 든든한 매형이 생기는 것이 무엇보다도 좋았다.

예비 사위와는 이미 한두 번 얼굴을 익혔고 드디어 양가 부모, 형제와 인사를 나누는 날이었다. 나는 몇 년 전부터 아직 다가오지도 않은 미래 사돈과의 첫 만남에 미리 긴장하고 있었다. 주위에서 생생하게 들은 이야기가 있었기 때문이다.

평소 친하게 지내는 세 살 위의 선배가 있다. 그녀도 나처럼 10여 년 전, 남편과 사별했다. 맏딸의 상견례에 혼자 가기엔 너무 긴장되어서 여동생 부부와 같이 갔단다. 그럼에도 사돈들과 인사를 나누려는 순간 목이 메어 아무 말도 할 수가 없더라는 것이었다. 다행히 제부가 나서서 사돈들과 많은 이야기를 나누었다고 한다.

선배가 겪은 이야기를 듣기만 해도 나는 절로 눈물이 고였다. 그런 나를 바라보며 그녀가 주의를 주었다.

"마음 단단히 먹어. 나처럼 맥 놓고 훌쩍거리지 말고…."

야무져 혼자 사업체도 잘 운영하는 씩씩한 그녀가 그리 힘들었다니 나는 과연 의연하게 해낼 수 있을까 내심 걱정되었다. 그렇다고 내가 미리 준비할 수 있는 건 없었다. 그저 상견례 자리에서 남편 이야기를 담백하게 할 수 있도록 기도하는 것뿐이었다. 딸을 출가시킨 친구들은 상견례는 신부 측은 나서지 않는 게 상책이라 했다. 신랑덕의 의견에 따르겠다 하고 겸손히 미소만 짓다가 오면 된다고 조언허줬다. 그런데 기우였다. 만나 뵈니 우리 사돈 내외분은 자상하고 속이 깊은 분들이었다. 홀어머니인 내가 불편하지 않도록 내색 없이 분위기를 잘 이끌어주셨다.

나는 친구들에게 전수받은 신부 측 안사돈 매뉴얼대로 행동하려고 노력했다. 그러던 중 전혀 생각지도 않았던 말을 그 자리에서 하고 말았다.

"애들 아빠가 누구보다도 사위를 반가워하고 좋아했을 텐데, 장인이 없는 집이라 죄송합니다. 제가 아이들 아빠 몫까지 아드님을 더 아끼고 사랑하겠습니다."

그만큼 나는 딸의 혼사를 앞두고 남편의 부재에 서글픔을 느끼고 있었던 것 같다.

건강하던 남편이 췌장암 판정을 받은 것은 2000년 1월 초였다. 바로 입원해서 3개월을 투병하다가 개나리꽃이 한창이던 3월 중순에 그는 떠났다. 그의 나이 51세였다. 남편은 비슷한 연령대의 남자들에 비해 유쾌하고 사고가 열린 사람이었다. 주위 사람들로부터 남을 기분 좋게 해주고 유머가 풍부하다는 평을 듣던 그가 상견례 자리에 있었다면 사돈 분들과는 무슨 대화를 나누었을지 궁금하기도 했다.

그는 당신 딸을 너무도 자랑스러워하고 예뻐했다. '이 자리에 있었으면 딸을 대견해하며 밝게 분위기를 이끌어 갔겠지…' 생각하니 새삼 가슴이 저릿했다. 딸도 나와 비슷한 심정이었는지 아빠 이야기가 나오자 살짝 눈가가 붉어졌다.

안사돈은 아들이 둘인데, 우리 예비 사위인 첫째가 얼마나 동생을 잘 챙겨주는지 몇몇 에피소드를 들려주셨다. 따뜻한 품성이 느껴지는 좋은 이야기였다. 동생 챙기기에는 나도 딸 자랑거리가 많았지만 양쪽 집이 서로 경쟁하는 느낌이 들까 봐 말을 삼가며 안사돈 이야기만 경청하였다. 상견례는 특별한 일 없이 무사히 잘 끝났다. 식사 후 헤어지는 인사를 나눌 때 예비 사위는 나에게 다가와 "어머님! 너무 애쓰셨어요. 감사합니다."라고 다정하게 손을 잡아주었다. 참았던 눈물이 터져 나오려 해서 나는 천천히 깊게 심호흡을 했다.

집으로 돌아오는 차 안에서 딸은 기분이 무척 좋아 보였다. 상견례를 마쳤다는 후련함 때문인지 아니면 사돈 어른들 앞에서 혼자 애쓰던 내가 애처로워 보여서 그랬는지 인심을 팍팍 쓰며 후한 점수를 주었다.

"엄마 혼자서도 잘하실 줄 알았어. 우아하고 겸손하고 유머러스하고…. 아주 멋졌어요!"

다소 과장된 말인 줄 알면서도 딸의 호들갑이 싫진 않았다. 저도 걱정을 많이 했구나 싶어서 한편으론 애잔했다. 아이들과 신나게 떠들다 보니 이제 겨우 상견례 하나를 끝냈을 뿐인데, 마치 복잡한 혼례 절차를 거의 치른 것처럼 홀가분했다.

첫째의 상견례는 잘 끝났고 이제 둘째인 아들 차례가 남았다. 아마도 머지않아 우리 집엔 상견례가 다시 한번 있을 것이다. 그때는 든든한 사위도 있고 귀여운 손주도 내 곁에 있을 테니 첫째 때처럼 지나치게 긴장하는 일은 없을 것 같다. 담담하게 할 수 있을 것이다.

한 장의 스티커 사진으로 인해 소환된 상견례 때의 긴장했던 내 모습…. 이제는 저 멀리 날려 보내고 싶다.

코로나와 함께한 일주일

아침 7시, 암막 커튼 사이로 한 줄기 빛이 들어온다. 커튼을 젖히고 창문을 여니 상쾌한 바람이 느껴진다. 간단히 세수하고 나선다. 문밖을 나온 것이 일주일 만이다. 눈만 내놓고 마스크를 단단히 여몄으나 답답한 것도 못 느끼겠다. 마스크 틈새로 들이마시는 공기가 이렇게 상큼하다니… 눈물이 맺히도록 감격스럽다.

열흘 전이다. 친구 넷이 1박 2일 제천 여행을 다녀왔다. 서울에 돌아오니 목이 따끔거리고 팔다리가 저릿했다. 자가 진단 키트를 해봤다. 흐릿하게 붉은 두 줄이 나타났다. 병원에 가서 PCR 검사를 다시 해보니 코로나였다. 열감을 느끼며 꼬박 하루를 앓았다. 이틀째부터는 일 년에 한두 번 겪는 목감기 수준의 증상으로 느껴져 다행이었다.

팬데믹 3년차, 집마다 코로나에 얽힌 사연이 있었다. 나도 마찬가지였다. 문제는 코로나 증세보다도 더 걱정되는 부분이 있었다. 떠돌이 아닌 떠돌이 신세로 자가 격리할 공간이 마땅치 않을 때 하필 코로나 바이러스에 감염되어서였다.

얼마 전부터 나는 30년 가까이 지낸 낡은 집을 대대적으로 수리하느라 작은 호텔에 잠시 머물고 있었다. 두 달째 접어들면서 내 집간큼은 아니지만 임시 거처 호텔 생활에 어느 정도 익숙해져 있었다. 안면 있는 직원들도 생겨 그들과 이웃사촌 같은 마음으로 반갑게 인사하다 보면 순간순간 집 밖에 나와 지내는 것을 잊을 때도 있었다. 하지만 임시 거처가 격리 생활에 적합하지 않다는 것은 분명한 사실이었다.

우선 당장 급한 것은 식사를 해결하는 문제였다. 내가 지내는 방은 음식을 해 먹을 수 없는 구조라 외식하며 지내고 있었는데, 격리 기간 중 외출을 못 하니 여간 난감한 것이 아니었다. 배달음식을 시켜도 1층 로비까지는 직접 받으러 가야 하는데, 방 밖을 나가지 못하니 답답한 노릇이었다. 다행히 근처에 사는 아들이 매일 퇴근길에 먹을 것을 객실 앞에 놓고 가면 들여다 먹곤 했다.

　내 사연을 듣고 아들을 통해 음식을 전해주는 지인들도 여럿 있었다. 프로 살림꾼답게 맛있는 반찬을 골고루 만들어서 보내 준 친구 경화, 아들 여자 친구 어머니께서 보내 주신 담백하고 깔끔한 곰탕과 김치…. 먹는 문제가 해결되고 나니 두 번째 문제 상황이 표면화되었다. 격리 이틀째, 약 기운에 취해 자는데 전화벨 소리에 놀라 나는 잠에서 깼다. 모르는 번호였지만 일단 받았다.

　"○○○ 씨 맞지요? 구청에서 의료품 보내드리려고 해요. 집 주소 좀 불러주세요."

　"아, 집이 공사 중이라 다른 곳에서 지내고 있어요. 어디로 가야 하는지 알려 주시면 아들에게 부탁해 찾으러 갈게요."

　"현재 계신 곳이 있을 것 아닙니까? 그곳 주소를 불러주시면 됩니다."

　"근처 호텔에 나와 있는데…. 여기선 물건을 전달받기가 좀 어려워서요."

　"예? 호텔이라구요? 확진자가 공공시설에 계시면 안 됩니다. 호텔이 처벌받아요."

　"집이 공사 중이라 당장 갈 곳이 없는데 어떡해요? 여기 있는 게 안 된다면 있을 만한 곳을 주선해주세요. 아니면 격리 병원에 입원시켜

주시든가요."

"아무튼 거기 계시면 안 되는데…."

"그럼 공사 업체에 부탁해서 받도록 할 테니 우리 집으로 보내주세요. 그리고 절대 문밖에 안 나갈 테니 호텔에 묵는다는 것은 그냥 못 들은 걸로 해주세요."

구청 직원은 가타부타 대답도 없이 전화를 끊었다. 내 불안은 그대부터 시작되었다. 여기서 나가야 한다면 도대체 어디로 가야 하나? 딱히 마땅한 곳이 없었다. 몇몇 지인들에게 이럴 때 어쩌면 좋을지 조언을 구했으나 의견이 분분했다.

"호텔의 담당 지배인에게 살짝 털어놓고 머물게 해달라고 부탁해라."

"직원에게 알리면 오히려 그의 입장을 곤란하게 하는 거다. 절대 말하면 안 된다."

결론을 쉽게 내릴 수가 없어서 일단은 조용히 지내보기로 했다.

내 존재가 들통날까 봐 숨을 죽이고 지내는 동안 TV 볼륨을 낮췄고, 지인들과 하는 전화도 이불 속에 들어가 소곤거리며 했다. 복도에 청소하는 직원들의 기척만 느껴져도 긴장되었다. 장기 투숙을 하다 보니 안면을 튼 직원들이 오가다 필요한 것 없느냐라든가 버릴 쓰레기 없느냐 물으며 다른 투숙객보다 살갑게 대해주었다. 그 특별대

우가 코로나 감염된 후에는 부담이 되어 돌아왔다. 문에 '방해하지 말라'는 의미의 빨간불을 계속 켜놓고 마치 여행이라도 간 듯 기척 없는 생활을 하게 되었다. 혹시라도 구청 직원이 다시 전화해 확인이라도 한다면 뭐라고 해야 할지 몰라 전화가 울리면 깜짝깜짝 놀라곤 했다.

그렇게 불안하게 지낸 지 3일째, 나는 쫓겨나면 쫓겨나리란 각오로 편안히 지내보기로 했다. 물론 그렇게 마음의 여유가 생긴 것은 하루하루 격리 해제의 날이 다가오기도 하고 집에 와 있어도 된다는 시누이의 대답을 들어서였는지도 모른다. 뒤늦게 소식을 들은 시누이는 호텔 거주에 문제가 생기면, 자신의 양평 집에 와 있으라고 흔쾌히 말해주었기에 나는 강한 지원군이 생긴 듯 든든했다. 다행히 구청 직원은 내 부탁대로 못 들은 것으로 하기로 했는지 다시 전화가 없었다.

짧지만 길기도 했던 일주일의 격리가 풀리고, 처음으로 숙소에 있는 식당에 아침을 먹으러 가던 날이었다. 나는 혹시라도 기침하게 될까 봐, 미리 여러 번의 헛기침을 하고, 목소리를 가다듬으며 내려갔다. 직원들이 '왜 한동안 안 오셨냐' 물으면 '여행 다녀왔다'고 둘러대야지, 각본을 짜 두면서 말이다. 그러나 고맙게도 그들은 어제도 내가 왔다 간 것처럼 아무것도 묻지 않았다. 아마 우리네 인생도 그런 것이 아닐까? 남들은 그저 스쳐 지나쳐 버리는 일을, 괜히 나만 혼자 오래도록 심각하게 생각하며 무겁게 살아가는 것인지도 모르겠다.

격리 생활을 하며 홀로 고독하고 불안한 시간을 보냈다. 한편으론 세심하게 챙겨주는 주위 사람들에 대한 감사를 깊이 새겨보는 귀한 시간이기도 했다. 특히 친구 경화가 베풀어 준 지극 정성은 결코 잊을 수가 없다. 경화는 코로나를 앓았던 경험으로 나에게 꼭 필요한 정보만을 구체적으로 알려 주며 든든한 버팀목이 되어주었다. 전화해서 안부를 챙기는 것은 물론이요, 그녀가 손수 만들어 보내준 음식을 먹으며 그 정성과 사랑이 느껴져 나는 여러 번 코끝이 찡해지곤 했다. 격리 해제가 되는 전날 밤에도 잊지 않고 격려 문자를 보내와 나를 감동시켰다.

"좁은 방, 부족한 게 많은 낯선 곳에서 홀로 버티느라 애썼어. 냅브턴 마음 편히 지내…."

혹자는 삶의 매 순간이 기적이라고도 하고, 누구는 오로지 감사만이 그 기적을 만든다고도 한다. 내 마음속에 감사를 한 뼘은 더 키워준 이번 코로나 격리에 감사할 뿐이다.

요통과 함께

　보름 전 미국 딸네 집으로 떠나기 전날이었다. 여행 짐을 챙기는 데 허리가 유난히 아팠다. 굽혀지지도 않고 전기가 흐르는 듯 저렸다. 몇 년 이래로 최강의 통증이었다. 주사라도 맞아 보려고 집을 나서다가 엎친 데 덮친 격으로 주차장에서 옆에 있던 차를 긁고 말았다. 움직일 공간도 넓었건만 왜 그런 실수를 했는지…. 아마도 허리가 아프니까 운전 감각이 둔해졌던 것 같다.

　확인해 보니 피해 차량은 바로 우리 아랫집 차였다. 평소 차를 운전할 일이 많지 않고 사고 처리 경험도 별로 없어서 머릿속은 백지장이 되었다. 어디다 좀 물어볼까도 생각했으나 밤늦은 시각인데다 누구에게 전화해야 할지 떠오르지 않았다. 예전에는 사고가 났을 때 어떻게 처리했는지 생각이 나지 않아 당황스러울 정도였다. 참으로 희한한 경험이었고 씁쓸한 기분이었다.

경비실에 연락해 놓고 멍하게 넋 놓고 앉아 있는데 드디어 기다리던 인터폰이 울렸다. 1층 경비실로 내려가니 아래층 아저씨가 서 있었다. 그는 밝은 표정으로 "마음 쓰이게 해 드리네요." 하며 웃더니 처리를 원만하게 해주었다. 개운한 마음으로 집으로 올라왔으나 나는 왠지 서글프고 저릿해서 한동안 집 안을 서성거렸다.

이튿날 나는 아픈 허리를 달래며 인천공항으로 나갔다. 비행기에 탑승해 영화 '굿 윌 헌팅'을 다시 봤다. 몇 번째 보지만 역시 좋았다. 부모 사랑을 받지 못하고 반항아로 자라던 천재 '윌 헌팅'은 "네 잘못이 아니다."라는 상담사의 반복된 이야기에 얼어붙었던 마음이 무너져 내리며 눈물을 터트렸다. 그 장면을 보며 새삼스레 어지부터 참고 있던 내 눈물도 같이 터졌다. 계속되는 허리 통증, 어이없는 자동차 접촉 사고, 그런 것들이 뒤엉켜 내 마음도 약하게 무너져 내렸다. 평소 비행기의 실내 소음이 커서 때로는 힘들기도 했는데 그날은 내 눈물을 감춰주기에 너무나도 고마운 소음이었다.

딸네 집에 도착해 허리 통증 치료를 우선으로 하며 휴식하다 보니 남편 생각이 많이 났다. 나는 단순한 요통에도 고통스러운데 그는 통증으로 견디기 힘들다는 병을 앓으며 얼마나 힘들고 외로웠을까? 오래전 일이지만 나는 그의 쓸쓸함이 오롯이 느껴져 몸도 마음도 힘든 연말을 보냈다.

20여 년 전 12월, 남편은 한동안 심한 요통에 시달렸다. S 병원의 담당 의사는 허리 통증이 심하다는 남편의 호소를 일축하며 우리나라 사람에게 흔하디흔한 요통이라고 단정했다. 평소 자세 불량으로 온 것이니 고액의 운동치료를 받으라고 권했다. 당시 회사일이 바쁠 때였는데도 남편은 하루걸러 다니라는 운동치료를 빠지지 않고 다녔다. 몸 아픈 것에 엄살이 없는 사람인데 정말 많이 아픈가 보다 하면서 '저러다 낫겠지….' 하며 예사로 생각했다. 단순 요통이라는 의사의 말을 곧이곧대로 믿었던 것이다. 내 신경은 온통 대학입시를 앞둔 딸에게 가 있었다.

그해 연말이 다가왔다. 남편은 힘든 와중에도 식구들을 데리고 예술의전당 송년음악회에 갔다. 공연 중간에 많이 고통스러워하는 남편을 지켜보면서 그때까지도 나는 단순 요통이라고 생각했었기에 아픈데 뭣하러 아이들 데리고 음악회엔 오자고 했을까 답답한 마음이었다.

밤새 남편은 허리 통증에 시달리다가 새해를 맞이했다. 통증이 가라앉기를 바라며 버티다가 이튿날 응급실로 실려 가서 췌장암이란 진단을 받았다. 믿기 어려웠다. 악몽이라 해도 그렇게 가혹할까 싶었다. 그길로 입원해 3개월을 병원에서 투병하다가 다시는 집으로 돌아오지 못했다. 결국 그날 송년음악회가 우리 네 식구의 마지막 외출이 된 셈이다.

어린애들은 앓고 나면 한 뼘씩 커진다던데 요통으로 시달려보면서 남편을 떠올리는 나는 왠지 약해지는 것 같았다. 걸핏하면 마음이 저렸다. 툭하면 쉽게 앓던 것을 이제라도 툴툴 털어내야 한다. 멀리하던 운동도 열심히 하며 단단해지는 노력을 해야 한다.

밝아 온 새로운 해, 이제 마음도 몸도 더욱 건강할 일만 남았다.

공항의 작은 방

"승객 여러분, 저희 비행기는 곧 애틀랜타 국제공항에 착륙하겠습니다."

인천공항을 떠난 지 13시간 45분, 이제 드디어 내리나 보다 했다. 기지개를 켜며 일어서는데 오금이 저리고 허리가 뻐근했다. 그러나 오매불망 그리던 손자를 만날 생각에 피곤은 멀리 달아나고 웃음이 절로 났다. 과연 귀요미는 일 년 만에 보는 나를 알아보려나? 이 할머니를 바라보는 첫 표정이 어떨지 궁금하기만 했다.

입국장은 많은 사람으로 붐볐다. 내 차례가 되어 입국 심사대 담당 직원 앞으로 다가섰다. 차가운 인상의 직원은 무표정으로 여권을 들여다봤다. 나의 방문 목적은 관광이라 했다. 왜 두 달이나 머무느냐고 물었다. 재작년 딸아이 출산을 도우러 왔을 때는 90일이었는데 별 말이 없었지 않았는가. 이번엔 60일 예정인데 웬 트집일까? 트럼프가 대통령이 된 후 외국 사람들에게 빡빡해졌다더니 실감이 났다. 음식물을 가져왔냐고 직원이 물었다. 나는 아니라고 단호하게 대답했다. 직원은 말없이 계속 여권을 뒤적였다. 얼마 전 신문에서 보았던 미국에 손주 보러 갔던 친정엄마가 입국을 거절당했다는 기사가 떠올랐다. 나도 그녀처럼 되는 게 아닐까? 점점 초조해졌다.

"가장 최근에 왔을 때는 얼마나 있었나요?"

한동안 무표정하게 여권을 쳐다보던 직원은 다시 물었다. 최근이라면 작년에 다녀갔다. 2주 안팎이었는데 정확히 기억나지 않았다. 나는 행여 틀릴세라 '어바웃(about)'을 넣어서 열흘 정도라고 말했다. 그런데 왜 이번에는 두 달이나 있으려 하느냐고 직원은 같은 질문을 또 했다. 당황했지만 예상 외의 질문을 할 때는 통역을 불러달라고 하라 했던 딸의 말이 생각났다. 나는 통역을 불러달라고 했다.

얼마 후 통역 직원이 나타났다. 타국에서 친척 동생을 만난 것처럼 반가웠다. 그녀 역시 입국장 직원 못지않게 경직된 표정이었으나 나는 간절한 마음으로 매달렸다. 딸아이가 직장을 다녀서 주말에만 관광을 다니게 될 테니 두 달이라고 해도 그다지 긴 것이 아니라고 했다. 그리고 손주를 자주 못 봐서 좀 오래 있으려 한다고 말해 달라 했다. 통역원은 내 말을 전했다. 묵묵히 듣던 입국장 직원은 여권을 아주 천천히 서류 봉투에 집어넣었다. 예전에는 그냥 줬는데 왜 봉트에 넣는 걸까? 순간 불길함이 스쳤으나 규정이 달라졌나보다 생각했다. 직원은 나에게 여권 넣은 봉투를 건네주며 오른손을 들어 출입문 방향이 아닌 대각선 쪽을 가리켰다. 나는 의아해하며 낯선 사무실 문을 열었다.

나중에 딸에게 들으니 그 방이 속칭 공항의 '작은 방'이란다. 내가 들어섰을 때 중년의 한국인 남녀가 흰 셔츠 차림의 남자 직원 앞에 서 있었다. 통역원은 낮고 딱딱한 어조로 직원의 말을 전달했다.

"우리는 정직을 원합니다. 당신들은 정직하지 않았어요. 감옥에 갈 수도 있습니다."

감옥에 갈 수도 있다니? 도대체 무슨 죄를 지었기에…. 그 광경을 뒤에서 지켜보며 나는 몹시 불안에 떨었다. 불안을 잠재우기 위해 나와의 대화를 시작했다. '네가 지금 불안한 이유가 뭐지? 못 들어갈까 봐? 만약 그렇게 되면 어떤 문제가 있지? 보고 싶은 손주를 못 보는 거? 물론 아쉽지만 할 수 없지 뭐. 그리고 또 뭐가 문제지? 딸애가 강의 준비를 충분히 못 하는 거? 내가 가서 육아를 도와주면 도움이 되겠지만 어쩔 수 없는 일이다. 딸이 잠을 더 줄이고 준비하는 수밖에….' 최악의 경우, 집으로 되돌아갈 수도 있다고 나는 각오했다. 그렇게 된다고 해도 할 수 없다고 생각하니 차분해졌다.

　드디어 남자 직원이 나를 불렀다. 그 사람도 같은 질문을 했다.

　"왜 두 달이나 있으려 하느냐? 돈은 얼마나 가져왔느냐?"

　나는 솔직하게 말했다.

　"우리는 당신이 얼마를 가지고 왔든 그 돈에는 관심이 없다. 다만 우리는 정직을 원한다. 그것은 매우 중요한 사항이다."

　직원은 통역을 통해 말했다. 그러면서 돈을 보여줄 수 있느냐고 했다. 나는 지갑과 잔돈을 넣은 봉투 그리고 재킷 주머니에 있던 20불을 보여주었다. 직원은 쳐다만 볼 뿐, 막상 돈을 세어보진 않았다. 잠시 의자에 앉아 있으라더니 30분쯤 지났을까? 즐거운 시간 보내라며 여권을 돌려주었다.

　밖으로 나오니 사위가 환하게 웃으며 기다리고 있었다. 반가운 마음에 "오래 기다렸지? 미안해!" 하며 다가가는데 나는 울컥 눈물이 나서 사위를 끌어안을 뻔했다. 우리는 곧장 딸이 근무하는 학교로 갔다. 주차장에 딸이 나타나자 사위는 큰 소리로 말했다.

　"장모님이 작은 방에 다녀오셨대!"

　딸아이는 눈이 동그래지더니 내게 달려와 안아주었다. 얼마나 놀라셨느냐며 이제 괜찮다고 다독였다. 나는 듬직한 딸의 품에 안겨 편안함을 느꼈다. 그날만큼은 모녀 역할이 바뀐 듯했다.

  두어 달 미국에 머물다 돌아왔다. 입출국 경험이 많은 지인들을 만나면 내가 '작은 방'에 갔던 이유를 알겠느냐고 물어보곤 했다. 누구도 명쾌하게 답변해주지 않았다. 무작위로 겁주는 것이고 운이 나빴을 뿐이라고 했다. 모두 정확한 이유는 모르는 듯했다. 하긴 우리가 남의 나라의 들쑥날쑥한 정책 기준을 정확히 이해할 수는 없을 것이다. 앞으로 미국 딸네에 다녀올 일이 또 있을 텐데 '작은 방'의 분위기를 떠올리기만 하면 긴장된다. 그저 운이 좋기를 바랄 뿐이다.

할머니의 배추겉절이

지하철역을 나와 노랗게 물든 은행나무 숲을 빠른 걸음으로 걸었다. 오늘따라 귀가 시간이 늦었다. 경비 아저씨께서 할머니가 다녀가셨다며 묵직한 보따리를 주셨다. 아침에 전화해서 일정을 묻길래 온종일 집에 없다고 했건만 기어이 다녀가셨나 보다.

할머니는 딸이 8살, 아들은 생후 1개월부터 도우미로 20여 년 우리 아이들을 돌봐주셨다. 일흔이 넘어서야 우리 집에 정기적으로 오시는 것은 멈췄지만 그 뒤로도 이따금 음식을 해서 찾아오시곤 했다. 정규교육은 짧았지만 삶의 지혜가 많고 기품이 있으신 분이다.

아들이 초등 1학년 입학했을 때, 처음 몇 달은 엄마들이 교실 청소를 번갈아 했다. 직장에 다니는 나를 대신해 할머니가 참여하셨다. 몇 달이 지나 내가 학교에 나갔더니 담임 선생님께서 말씀하시기를 할머니는 누구보다도 열심히 하셨단다. 그동안 직접 참여 못 해서 죄송했는데 할머니 덕분에 체면치레는 거뜬히 된 셈이다.

아들은 입학 선물로 받은 책가방이 너무 커서 등에 메고 나서면 꼭 삼촌 것을 가져다 멘 것같이 보였다. 우리는 그저 재미있어 하며 웃고 말았지만 할머니의 마음은 달랐던 모양이다. 입학 후 두어 달 동안 아들의 등하교를 멀리 숨어서 지켜보며 가방을 메고 안전하게 오는 걸 확인한 뒤 얼른 지름길로 집에 와 아이를 맞이하곤 하셨단다. 당시 아들도 몰랐던 일이고 나도 몇 년이 지나서야 알게 되었다. 비록 피가 섞이진 않았지만 이 세상 그 어떤 할머니 못지않게 우리 아이들에게 깊은 사랑을 주셨다. 아이들은 유학 시절 집에 다니러 올 때 빠듯한 용돈이라 다른 식구들 선물은 생략하더라도 할머니 선물은 꼭 챙겨다 드렸다.

아쉽게도 우리 아이들은 양가 할머니와 가깝게 지내질 못했다. 친할머니는 큰애 한 살 때 돌아가셨고, 외할머니는 친손녀를 돌보느라 자주 못 뵈었기에 아이들이 그냥 '할머니~'라고 부르는 대상은 바로 오늘 다녀가신 과천 할머니뿐이다.

할머니는 생애 가장 행복했던 순간으로 10여 년 전 우리 모자와 함께 갔던 일본 북해도 여행을 꼽으신다. 아들이 고등학교를 졸업했을 때 나는 할머니를 위해 의미 있는 선물을 해 드리고 싶었다. 이런저런 궁리를 하다가 여행을 모시고 가기로 했다. 아들도 할머니의 큰 사랑을 잘 아는지라 흔쾌히 좋다고 했다. 그렇게 우리 셋은 북해도로 떠났는데 무심한 편인 아들도 우리 아들에게 저런 모습이 있었나 싶을 정도로 4박 5일 동안 할머니 곁에서 살뜰하게 챙겨드렸다.

나이 들어가며 점점 더 확실히 깨닫게 되는 것이 하나 있다. 사람이 살아가는 모습은 학력이나 사회적인 지위와는 크게 상관이 없다는 것이다. 할머니와 30여 년의 세월을 함께하며 그 어떤 어르신보다도 정직하며 책임감이 있는 분이라 생각하며 지내왔다. 아이를 남에게 맡기고 일을 해야 하는 경우 도우미의 역할이 그 여성의 삶의 질을 좌우한다. 할머니를 만났던 것은 내 인생의 큰 행운이었다. 덕분에 직장 다니면서 큰 걱정 없이 아이들을 키울 수 있었다.

예전엔 그저 고마운 분이었다면 나이가 들어가며 우리 좋은 인연에 대해 한 번 더 생각해 보게 된다. 할머니의 헌신은 애정이 없이는 불가능한 일이었다. 누가 알아주지 않아도 자기가 하는 일에 애정을 갖고 최선을 다한다는 것, 그 이상 성숙하고 품위 있는 인생이 어디 있을까?

꽁꽁 야무지게 묶어오신 할머니의 보따리를 풀었다. 밑반찬 몇 가지와 아들아이가 특히 좋아하는 배추겉절이가 들어 있었다. 할머니는 늘 말씀하셨다. 아들이 학교에서 돌아왔을 때 김치를 버무리고 있으면 가방을 멘 채로 배추겉절이를 맛있게 받아 먹었단다. 그 모습을 보며 당신은 어느 때보다도 행복했다고 하셨다.

  텃밭에서 뽑은 배추로 오늘 버무리셨으니 비록 내가 집에 없는 날이라 해도 다른 날로 미룰 수가 없으셨으리라.

  배추겉절이를 그릇에 옮겨 담으며 오늘은 아들보다 내가 먼저 맛을 본다. 예전보다 조금 간이 짜다 싶다. 할머니의 입맛이 세월과 함께 노쇠해지고 있음을 느끼며 나는 그만 울컥해진다.

냉커피 한 잔의 행복

　폭염 주의보가 내린 7월의 첫 토요일, 결혼을 앞둔 아들과 신혼집이 될 아파트를 둘러보는 중이다. 중개인이 잠시 일을 보러 간 사이 우리 모자母子는 나무 그늘에서 기다린다. 바람 한 점 없이 습한 날씨에 그늘이라 해봤자 시원하지도 않다. 땀을 흘리며 앉아있는 나를 보더니 아들은 자리에서 일어난다.
　"엄마, 아이스커피 사 올게요. 잠시 계세요."

　벤치에 혼자 남은 나는 주변을 둘러본다. 단지가 아담하고 평화롭다. 바로 눈앞의 놀이터에는 따가운 햇살 아래서 여자아이 두 명이 재미있게 놀고 있다. 천진한 아이들의 노는 모습은 시간을 초월하는 모양이다. 눈앞의 광경에 30여 년 전 기억 속의 놀이터가 오버랩된다. 거기엔 작고 여린 아들이 있다. 맞아. 우리 아이도 저럴 때가 있었지. 엄마 마음엔 그 시절이 바로 엊그제 같건만 그 어린애가 훌쩍 커서 이제 신혼집을 보러 다니고 있다. 더위 탓이려나…. 이마에 땀이 송송 맺히더니 코끝이 시큰해진다.

오늘 아들의 모습은 어느 때보다도 밝고 의젓하다. 부동산중개인을 처음 만날 때부터 이후 서너 집을 둘러보는 내내 사뭇 활기차고 의욕적이다. 막내로 늘 보살핌을 받기만 했는데 어느 결에 속이 영글었을까? 밖에서 본 아들은 집에서 보던 그 막내둥이가 아니다. 이제 한 가정의 가장으로서 우뚝 설 준비가 된 단단한 모습이다. 눈앞에 다가온 결혼이 아들을 확실히 철들게 한 것 같다. 오히려 엄마인 나는 아들의 결혼을 기뻐만 했을 뿐 실감하지는 못한 채 여기까지 온 것 같다.

오늘 신혼집을 보러 다녀보니 아들과 엄마의 차이가 두드러진다. 현실감이 좀 떨어지는 늙은 이 어미는 집에 수돗물이 잘 나오는가를 확인하기보다는 책장에 무슨 책이 꽂혀있는가를 일별하고 있다. 그에 반해 실거주자가 될 아들은 집 내부 구석구석을 찬찬히 체크하며 주인에게 물어보고 있다.

"여기가 펜트리인가요? 아, 이곳이 세탁실이군요. 이 책장은 원래 있던 건가요?"

나는 아들의 그런 모습이 낯설기도 하고, 대견스럽기도 해서 빙그레 웃음만 나온다.

결혼 준비 과정이야 여러 가지가 있겠지만 제일 신경이 쓰이는 것은 무엇보다 살 집을 마련하는 일이다. 목돈이 들어가는 일인데다 장기적인 계획이 요구되는 일이기도 하니까. 그래서일까? 결혼 준비하면서 이것저것 일러주려는 부모와 자신들만의 밑그림이 그려져 있는 자녀들 사이에 갈등이 생기기도 하는 모양이다. 나는 그런 불미스러운 일이 생기느니 차라리 아이들이 시행착오를 겪는 편이 낫다는 생각이다. 앞으로 너희가 살아야 할 집이니 잘 살펴보고 너희가 결정하라는 내 뜻을 그동안 말해왔다. 아들과 함께 집을 보면서도 내 의견은 되도록 내세우지 않으려 한다. 크고 작은 결정을 내리는 아들을 대견해하며 어느 순간에는 조마조마해하며 한 걸음 물러나서 지켜보고 있다. 결국 아이들이 살아갈 보금자리로 오래오래 기억할 둘만의 신혼집 아닌가!

40여 년 전에 홀시아버님을 모시고 살았던 나의 결혼 초기는 어렵고 조심스러웠다. 아버님은 좋은 분이셨지만 모든 면에서 어설펐던 나는 긴장의 연속이었다. 아들의 결혼 준비 과정에 되도록 개입하지 않으려는 결심의 이면에는 나의 신혼은 자유롭지 못했다는 아쉬움도 있는 것 같다. 나와는 달리 아이들만큼은 자유롭고 편안하게 둘만의 생활을 꾸려볼 수 있기를 바란다.

 오늘도 아들이 평소 좋다고 생각했던 곳으로 나와 본 것이다. 그것도 원래는 신랑 신부 둘이 돌아볼 계획이었는데 하필 중개소와 약속된 날에 신부가 회사일이 생겨 내가 아들의 부탁을 받고 함께 나선 것이다. 얼떨결에 따라나서기는 했지만 같이 돌아보니 여러모로 감회가 새롭기는 하다. 결혼이란 그런 건가? 젊은 당사자들보다 늙은 부모들이 더 감격하고, 더 불안해하고, 더 기대하는 것 같다. 그런 마음이 자칫 자녀들에게 힘이 되기보다는 족쇄가 되기도 한다는 생각으로 나는 애써 거리를 두고 있다.

 드디어 아들이 테이크아웃 커피를 들고 다가온다. 뙤약볕에 다녀오느라 그새 얼굴이 벌겋다.
 "엄마, 안 더우셨어요?"
 아들은 얼음 조각이 뜬 커피를 건네며 내 안색을 살핀다. 지난해 여자 친구가 생기며 아들과의 물리적인 거리는 조금 멀어지는 것 같지만 잃은 만큼 얻은 것도 있다. 결혼을 준비하면서 현실도 알게 되고 부모의 마음도 깨닫게 되는 모양이다. 아들은 전보다 더 의젓하고 살갑게 나를 대한다. 결국 세상은 비교적 공평한 편이고 총량의 법칙에 따라 움직이는 것 같다.

내 아들은 내가 키운 만큼의 아들이고, 아들이 데려온 짝은 내 아들이 알아본 만큼의 짝이리라. 내가 믿고 사랑하는 그 모습만큼 잘 살아낼 것이고 세상은 그 애들의 진심과 노력을 결코 모르는 체하지 않으리라.

얼음 동동 뜬 커피가 이리도 시원하고 맛있다는 걸 새삼 깨닫는 날이다. 가마솥더위인 이 폭염 날에 나는 행복하다.

그리움의 보따리를 풀며

　방금 워싱턴행 비행기 표를 끊었다. 머지않아 딸과 사위 그리고 손자를 보러 간다. 그동안 마음속 깊은 곳에 꽁꽁 묶어놓았던 그리움을 풀어놓는다. '그립다 말을 할까 하니 더 그리워….' 입을 꼭 다물고 있지 않아도 된다.
　여름방학이 가까이 다가오자 딸네 집 식구들의 형편이 궁금했다. 외손자가 태어난 이후, 방학마다 길게 또는 짧게라도 애들이 나오거나 내가 미국으로 가기도 하며 만나고 지냈기에, 이번엔 어떤 계획이려나 기다렸다. 딸아이는 한 달 동안 남편을 따라 시카고에 갈 예정이라서 올여름엔 못 볼 것 같다고 했다. 아쉬웠다. 손주를 볼 수 없는 여름이라니…. 애써 마음을 비웠다.

그런데 딸아이가 반가운 소식을 전해왔다.

"엄마, 시카고에는 남편만 가기로 했으니 여름에 다녀가세요."

그 말을 듣자 힘겹게 눌러놓았던 설렘과 기대가 폭발했다. 올여름 미국으로 날아가 손자를 안아 볼 수 있다는 생각에 가슴이 뻐근해 왔다.

자식들을 멀리 떠나내고 떨어져 살다 보니 싫든 좋든 남다른 쪽으로 내공이 쌓인다. 아이들에 대한 그리움의 보따리를 묶었다 풀었다 하는 일도 그중 하나다. 아이들을 한번 만났다가 헤어지지 되면 서너 달 또는 일 년이 지나야 다시 만나니 헤어지고 나면 나는 보고 싶은 마음을 얼른 묶어서 내 안의 깊숙한 곳에 수납한다. 그랬다가 다시 만날 날이 가까워지면 그 보따리를 꺼내 풀어보기 시작한다. 그렇게 하지 않으면 만나고 헤어질 때마다 두어 달씩 감정적 과로 상태를 겪어야 한다.

매사에 겁이 많은 내가 둘째인 아들아이를 미국의 기숙형 고등학교로 유학 보내는 모험을 감행했던 데에는 나름의 이유가 있었다. 20년 전, 투병 중이던 남편이 어느 날 내 눈치를 보며 조심스럽게 말했다.

"나는 애들을 편견이 덜한 사회에서 교육받게 했으면 좋겠어. 우리 사회는 결손가정에 대한 편견이 심해서 상처를 많이 받을 것 같아서…."

남편이 염려하는 것을 모르는 바는 아니었지만 당시 나로선 상상조차 하기 싫었다. 우리 집에 '조기유학은 없다'로 마음을 굳혔다.

남편의 우려는 맞았다. 점차 주위에서 아들을 대하는 태도가 동정하는 분위기로 흘러가는 것을 느끼며 흔들리기 시작했다. 그러던 중, 2002년 여름에 중학교 2학년이던 아들은 4주 동안 아일랜드로 영어캠프를 다녀왔다. 친구의 딸이 인솔자로 가는 캠프라서 마음 놓고 떠나보냈다. 그 여름은 바야흐로 월드컵 4강 신화의 열풍이 온 나라를 뒤덮어 놓았던 때다. 아들아이는 그곳에서 한나절씩 곳곳에 널린 천연 잔디밭에서 마음껏 축구를 하며 즐겁게 지냈다. 검게 그을린 얼굴로 돌아온 아들은 친구들이 외국 학교에 가면 한나절씩 마음껏 운동을 할 수 있다고 하더라며 처음으로 외국에 나가 공부하고 싶다는 이야기를 꺼냈다.

그동안 남편에 대한 예의 차원에서 아들에게 유학 가고 싶으냐고 물어본 적이 있었다. 아들은 그럴 마음 없다는 말로 나를 안심시키곤 했다. 그런데 아일랜드 천연 잔디밭에서 축구한 경험이 도화선이 되어 마음에 불을 지폈던 모양이다.

몹시 혼란스러웠다. 지인들과 의논해 봤으나 아이 보내고 어찌 살거냐며 모두 말렸다. 나는 일 년여를 고민한 끝에 용기를 내서 아들을 떠나보내기로 결심했다. 잠시 못 보는 것일 뿐 참고 지내다 보면 다시 볼 수 있는데 아이가 원하는 일이라면 엄마인 내가 의연해져야겠다고 생각했다. 다행히 아들은 새로운 환경에 잘 적응했다. 그리고 일 년에 세 번 봄, 여름, 겨울, 방학 때마다 입국해 얼굴을 보여주었기에 나는 보고 싶은 마음이 부풀어 터지기 직전에 불을 끄며 지낼 수가 있었다.

야무진 엄마들은 한국에 자주 다녀가면 영어 실력이 늘다가도 멈춰버린다고 방학 때 미국 친척 집에 머물게 했다. 나는 가족들과 정을 나누는 게 우선이라고 생각했다. 아들이 집에 와서 식구들 얼굴도 보고, 같이 여행 다니고, 정겨운 집밥을 먹는 게 영어 실력이 느는 것보다 더 중요하다고 생각했다.

아들에 이어 함께 살던 딸까지 해외로 떠나게 되자 나는 어느덧 '만남과 이별'의 달인이 되어 버렸다. 아이들과 떨어져 지낼 땐 그리움의 보따리가 풀리지 않도록 야무지게 묶어놓고 참고 살다가, 다시 만나게 될 날이 다가오면 그동안 묶었던 보따리를 풀어주며 갇혔던 그리움이 조금씩 터져 나오도록 내버려 두었다.

아마 딸아이도 나와 비슷한가 보다. 내가 비행기 표를 끊었다 하니 목소리의 톤이 달라진다. 제 아들에게도 세뇌를 시키는지 "할머니, 보고 싶어요. 어서오세요." 말하는 손주의 애교 동영상이 날아온다.

지금까지는 방학 때 만났어도 딸아이는 늘 바쁘기만 했다. 이번 방학에는 다행히 내가 머무는 동안 같이 푹 쉴 수 있도록 일정을 조정해 두었다니 기대가 된다. 손주가 유치원에 가 있는 동안 딸과 차를 마시며 밀린 이야기도 하고, 쇼핑몰도 구경하고 유유자적한 시간을 보낼 생각을 하니 어느 때보다도 그 시간이 기다려진다.

이제 떠날 때까지 한 달 남짓, 혼자 먼 길을 씩씩하게 떠날 수 있는 강한 체력을 확보하는 일만 남아 있다. 하루하루 스트레칭과 걷기를 꾸준히 하며 기다리고 있다.

금요일의 손님

4월의 첫 금요일 오후, 며칠 만에 우리 집 부엌엔 생기가 돈다. 아들이 좋아하는 육개장을 끓이고 생선을 굽고 오징어를 듬뿍 넣은 김치전을 부치며 내 손은 분주하기만 하다. 밥솥을 열어 밥을 두어 번 휘젓는 순간, 띠리릭 현관문이 열리며 소리치며 들어오는 아들의 밝은 음성이 들린다.

"오마니, 저 왔어요."

아들의 활기찬 목소리를 들으며 우리 만남을 금요일로 정한 것은 잘했다는 생각이 든다. 많은 직장인이 그렇겠지만 아들도 금요일엔 기분이 좋아 보인다. 분가한 아들과 일주일에 한 번 만나는 요일을 토요일로 하려다가 생각을 바꿔 금요일이 어떠냐고 물었다. 이왕이면 기분 좋은 날 만나는 게 좋을 듯해서였다. 아들도 흔쾌히 좋다고 했다.

우리 모자는 많은 것이 다르지만 또 어떤 부분은 아주 비슷하다. 게으른 것이 닮았고, 복잡한 것을 싫어하는 것도 비슷하다. 학교 다닐 때 딸아이는 반장 선거에 활발하게 참여했지만 아들은 처음부터 그런 일엔 관심을 두지 않았고 한 발짝 물러서는 편이었다. 교무실을 자주 들락거려야 하는 그 귀찮은 걸 왜 하려는지 모르겠다고 했다. 나도 예전에 선생님이 시키면 마지못해 하는 입장이었다. 아들도 나를 닮았다 싶어 누구보다 그 마음을 이해했다.

이렇듯 나서서 뭔가를 성취하는 것에는 아들이나 나나 남들보다 의욕이 뒤처진다. 갈등 상황에 부딪치면 스스로 가진 패를 내놓으며 '가져갈 것 있으면 가져가고, 귀찮게 하지 마' 하는 성향이라 한집에 살면서도 서로 간섭은 줄이고 따로 또 같이 평화롭게 지내고 있었다. 그러나 두어 달 전, 아들이 분가할 상황이 생기면서 우리 일상은 흔들리기 시작했다.

아들이 서른 살 청년이 되었을 때 주위에선 분가시키라고 조언했다. 편안한 연애와 독립을 위해 필요하다고 했다. 아들에게 분가 의사를 넌지시 꺼내보기도 했다. 일상에서 의식주를 챙기는 일에 관심이 없던 아들은 "지금 편한데 뭐 하러 나가 살아요?" 하며 일축했다. 고등학교와 대학을 타국에서 객지 생활을 했기에 아들이 엄마와 사는 집을 편히 여기는 그 말을 그대로 믿었다. 결혼 때까지 아들과의 한 집살이가 쭉 이어지려니 믿어 의심치 않았다.

그러나 분가해야만 하는 외부적인 상황이 생겼다. 고심 끝에 독립하여 살 집이 정해지자 아들은 집안일에 무심하던 종전의 모습과는 달리 집 꾸미기에 열의를 보였다. 그 강도가 내가 상상하던 것 이상이었다. 좁은 공간이지만 전체적인 구도를 다양하게 체크하며 자기만의 유니크한 공간을 꾸미려고 애썼다. 큰 가구부터 작은 소품까지 욕실에 거는 수건 하나, 주방의 접시, 포크도 모두 새로 샀다. 그 모습이 대견하기도 하고 낯설기도 했다.

40년 경력의 살림 도사인 엄마의 도움이 필요 없었다. 씩씩하게 척척 자기의 공간을 만들어가는 아들을 지켜보는 것은 흐뭇하기도 했지만 왠지 서운함도 밀려왔다. 집 안 꾸미기의 마지막이 될 침대가 들어오는 날, 나는 새로 마련한 침구를 한 번 더 깨끗이 세탁하고 뽀송하게 말려서 아들의 새 보금자리로 향했다.

보름 동안 아들이 혼자 들락거리며 꾸며놓은 공간은 깔끔하고 단순했으며 우리 집과는 사뭇 분위기가 달랐다. 재택근무를 고려해 크고 넓게 장만했다는 책상은 젊은이들 사이에 유행하고 있다는 '서서 일

하기'에 맞춰서 버튼 하나로 책상이 오르락내리락했다. 그러나 무엇보다 내 눈에 뜨인 것은 좁은 공간에 다양한 모양으로 놓인 서너 개의 조명등이었다. 실내에는 누나의 입주 선물이라는 AI 스피커가 있었고, 아들은 등을 켜고 끄는 것을 전혀 손을 쓰지 않고 말로 했다. 게다가 스마트폰과의 연결이 영어로 입력되었다며 영어로 지시하는데 그 간결한 목소리가 어찌나 낯설던지 나는 물끄러미 바라보았다.

그날 침대의 침구 정리를 마무리한 아들은 집에 가겠다고 일어서는 나를 따라나섰다. 몇 가지 짐을 챙겨와 내일부터는 여기서 자야겠다고 혼잣말처럼 나지막이 말했다. 아마 아들은 엄마와 함께 살던 집을 떠난다는 말을 나에게 대놓고 하기가 쑥스러웠던가 보다. 현관에서 신발을 신으며 아들은 환하게 불이 켜진 실내를 향해 낮고 차분하게 읊조렸다.

"헤이 구글, 아임 리빙!"

순간 서너 개의 조명등이 동시에 꺼지며 주위는 암흑이 되었다. 그 어둠을 지켜보던 내 마음에도 살짝 그늘이 드리워졌다.

그렇게 아들은 우리 둘이 오순도순 살아가던 집을 떠났고, 이제 매주 금요일 집으로 와서 집밥을 먹고 간다. 아직 한 달밖에 안 되어서 아들이 떠난 것이 실감나지 않고 잠시 외국에 출장 중인 듯이 느껴지기도 한다. 나는 가라앉지 않고 밝게 지내려고 애쓰지만 텅 빈 혼자

만의 공간이 적적해서 한 번씩 가슴이 저릿하기도 하고, 때로는 일이 손에 잡히지 않아 괜히 서성이기도 한다. 그날 집을 나서며 '아임, 리빙!'이라고 읊조리던 아들의 건조한 목소리가 꼭 나에게 보내는 이별의 메시지 같아서 뜬금없이 조용히 눈물이 고이기도 한다.

유별난 사람이 아니면 인간은 결국 상황에 적응하며 살아가는 존재이다. 지극히 평범한 나는, 적응력 또한 사람들 사이에 중간은 갈 터이니 날이 갈수록 점차 금요일의 만남에 익숙해질 것이다. 외로움과 함께 다소의 자유로움도 느끼게 될 것이고, 조금씩 더 편안히 지내게 될 것이다. 아마도, 서서히 그리될 것이다.

이제는 금요일에 오는 손님이 되어버린 아들을 맞이할 준비에 아침부터 분주하게 움직이며 나는 모처럼 기운이 나고 살맛이 난다.

우리 네 식구는 토요일 오후가 되면 아파트 옆 잔디공원으로 자주 산책하러 나갔다. 코에 땀이 송송 맺히며 동생의 유모차를 즐겁게 밀어주던 여덟 살 딸, 유모차에 앉아 벙긋거리던 한 살 아들, 그 모습을 열심히 비디오카메라에 담던 남편…. 나무 그늘에 앉아 지켜보며 나는 충만함으로 가득했고 이것이 행복인가 했다.

3부_ 또 다른 세상으로 한 걸음

아름다운 거리 두기 •
백년손님과의 10주년 •
토리와의 만남 •
'파이브 할머니'의 1위 자리 사수하기 •
며느리와의 1년 •
귀요미 선발 대회 •
내 안에 기린이 서 있다 •
행복 토네이도 •

아름다운 거리 두기

누군가 나에게 좋아하는 음식이 뭐냐고 물으면 망설임 없이 꽃게 요리라고 말한다. 짜지 않은 슴슴한 간장게장도 좋지만 미나리와 호박을 넣고 맵지 않게 끓인 꽃게탕은 그야말로 정신을 못 차리고 빠져든다. 나의 이런 유별난 꽃게 사랑은 이미 주위에 소문이 났다. 우리 애들도 밥을 살 일이 있을 때는 꽃게 드시러 갈 거냐고 먼저 묻고, 친구들도 꽃게 철이 되면 산지로 먹으러 가자고 나서준다.

기억을 더듬어보니 지금부터 45년 전, 남편과 막 데이트를 시작하던 그즈음에도 우리는 꽃게탕을 먹었다. 내 친구들과 남편 친구들 일곱 명이 서해안으로 놀러 가기로 했다. 그런데 약속 장소에 남편은 여동생을 데리고 나왔다. 대학 3학년이던 그녀는, 늘 집에 드나들던 오빠 친구들이 익숙해서인지 남편 친구들과는 물론 잘 어울렸고, 초면이었던 내 친구들과도 상냥하게 잘 어울렸다.

 기차를 타고 대천에 도착한 청춘 남녀 여덟 명은 들뜬 기분으로 바닷가를 거닐며 놀았다. 장엄한 주황빛이 바다를 물들이는 해 질 무렵 숙소로 들어와 우리가 먹었던 것이 바로 꽃게찜이었다.

 그때 남편은 내 맞은편에 앉아 있었고 그의 곁에는 누이가 앉았다. 남편은 자연스럽게 게살을 발라내어 옆에 앉은 동생에게 건네주기 시작했다. 별일 아닌 듯 친구들과 웃고 떠들고 마셔가며 무심하게 말이다. 오래전 일이지만 나는 그때의 광경이 또렷이 기억난다. 넓은 방 안 가득히 퍼지던 젊은이들의 웃음소리, 비릿한 꽃게 냄새, 그리고 딱딱한 게딱지에서 부드러운 살을 발라내던 남편의 유연한 손놀림….

 당시에 나는 남편과 막 만남을 시작하며 앞으로 계속 만나야 할지 말아야 할지 조금은 망설이던 시기였다. 그런데 그날 동생을 챙겨주던 모습은 내가 그와의 만남을 긍정적으로 생각하기 시작한 계기가 되었던 것 같다. 게살을 발라주는 자상함과 꼼꼼함에만 높은 점수를 준 것은 아니었다. 오히려 발라낸 게살을 누이에게 건넬 때 그에게서 풍긴 묘한 무심함이 더 좋았다. 유난 떨지 않고 티 내지 않고 주위를 배려하는 마음 씀씀이가 좋았다. 그는 바닷가 숙소에서 자기 동생에게 그렇게 했듯이 결혼 후에는 나와 우리 아이들에게 변함없이 게살을 정성스레 발라 주곤 했다. 돌이켜보면 꽃게와는 특별한 인연인가 싶다. 내 인생의 중요한 페이지에는 꽃게가 등장하니 말이다.

최근에 있었던 일이다. 어느 일요일 아침, 아들이 카톡으로 물었다.
"엄마, 오늘은 꽃게탕 어떠세요?"
"좋지!"
반가운 마음에 선뜻 대답한 나는 꽃게탕을 먹으러 나갈 외출 준비를 시작했다.

회사 가까이 나가 사는 아들은 주말이면 집에 와서 같이 밥을 먹고 간다. 그런데 집에 들어오는 아들은 뜻밖에도 양손에 꽃게탕 포장 꾸러미를 들고 있었다. 전날 여자 친구와 꽃게탕 맛집에 갔는데 엄마도 꽃게탕을 좋아한다고 말했더니 따로 포장해서 주었다는 것이다. 나는 많이 놀랐다. 아직 둘이 사귄 지 얼마 되지도 않았는데, 아들 여자 친구에게서 이런 챙김을 받으리라곤 상상도 못 했기 때문이다. 어찌나 기분이 좋은지…. 가슴이 벅차오르며 입이 다물어지지 않았다.

기쁜 마음으로 먹어서일까? 그날의 꽃게탕은 지금까지 먹었던 그 어느 것보다도 달착지근하고 맛있었다. 만약 아들의 여자 친구가 꽃게탕이 아닌 다른 음식을 보냈더라도 내가 그만큼 행복한 마음이었으려나? 아마도 아닐 듯하다. 너무도 좋아하는 꽃게탕, 내 인생에 보통 인연이 아닌 꽃게탕으로 첫 마음을 표현해주었기에 아직 얼굴도 모르는 아들의 여자 친구가 매우 친근하게 느껴졌다. 뭔가 우리 식구랑 코드가 맞을 것만 같은 기분이 들어 자꾸 웃음이 나왔다.

내 얘기를 들은 친구는 며느리와 코드가 맞을 것이라는 기대는 너무도 큰 착각이라며 헛된 꿈을 꾸지 말라고 충고했다. 물론 현실을 꿰뚫는 친구의 말이 충분히 공감이 갔다. 그러나 어리석은 일인지 모르지만 나는 미래의 며느리와 함께 즐겁게 웃는 달콤한 꿈을 꾸었다. 언젠가 그 꿈이 깨어지면 그때 가서 겸허히 받아들이면 되는 일이다. 상상해 보는 재미조차 미리 포기할 필요는 없다.

딸을 낳고 서른 중반에 늦둥이로 아들을 두는 바람에 내 주위엔 나보다 먼저 며느리를 본 친구들이 많다. 덕분에 그동안 고부간에 생기는 여러 경우에 대해 들어온 이야기가 많고도 많다. 시어머니의 입장을 충분히 예습한 셈이다.

"자식들 찾아오는 것 기다리며 살면 노년이 구차해진다."

친구들이 하는 충고다.

"요즘 며느리들이 갖고 있는 시어머니에 대한 거북함은 엄마의 상상 이상이에요. 아들을 내 아들이라 생각 말고 며느리의 남편이라 생각하세요. 되도록 그쪽으론 관심을 줄이고 그냥 엄마 즐거운 것 하시며 재미있게 지내세요."

마흔 줄에 들어선 딸아이가 하는 말이다.

지금 이 시대를 살아가는 우리 자녀들은 매우 독립적인 신인류다. 예전처럼 부모와 같이 거주하며 자주 얼굴을 보고 뒤엉켜 살던 그 모습이 아니다. 적당한 거리를 두고 담담하고 의연하게 지내야 한다. 머지않아 나도 며느리를 맞게 될 것이다. 내가 꿈꾸는 이상적인 고부관계란 남편이 주위 사람들에게 그랬던 것처럼 '무심한 듯 챙겨주는' 그런 모습이다. 상대방이 부담 없을 만큼만 그리고 내가 주고도 서운해하지 않을 만큼만 말이다.

그 무심함의 수위 조절이 쉽진 않겠지만 나는 기꺼이 도전해보려고 한다. 그것이 우리 모두가 즐거움에 이르는 길임을 알기 때문이다. 가까운 사람들과 '아름다운 거리 두기'를 하고 사는 일은 분명 행복한 도전이 될 것이다.

백년손님과의 10주년

"엄마, 우리 일정 다시 정리해 보내드리니 확인하세요."

딸이 보내준 카톡을 들여다본다. 입국 시각, 도착 후 하루 머물 숙소, 이튿날 우리 집 도착 예정 시각, 가족여행 일정, 출국 예정일 등이 자세히 쓰여 있다.

지금 미국 동부에 사는 딸아이는 12월 중순에 있을 남동생 결혼식에 참석하러 어린 아들을 데리고 남편과 한국에 올 예정이다. 확정된 그 일정표를 보내며 확인해 달라고 한다. 딸애는 보통 때는 활달하고 덜렁거리는 편이지만 제대로 챙겨야 하는 일이 있을 땐 꼼꼼하고 확실하다. 공식적인 일뿐만 아니라 노는 일에도 예외는 아니다. 특히 이번처럼 한국에 짧게 머물게 될 경우는 스케줄 짜는 일에 더욱 세밀하게 마음을 쓴다.

내가 카톡을 확인하며 달력에 메모하는데 딸의 보이스톡이 들어온다.

"엄마, 확인하셨어요? 스케줄이 마음에 드세요?"

"그럼, 마음에 들고말고. 그저 세 식구 건강하게 오기만 해."

"그런데 엄마, 저희 머무는 동안 기념해야 할 날이 있어요."

무슨 기념할 날이 있다는 것일까? 딸네 가족이 다시 미국으로 떠나기 전, 신혼여행에서 돌아올 아들네와 다 같이 밥을 한번 먹자고 이야기한 적이 있었다. 그걸 말하는 것은 아닐 것 같고…. 도대체 무엇일지 감이 잡히지 않았다. 곧이어 딸아이는 궁금증을 풀어준다.

"엄마랑 최 서방이 만난 지 10주년이 되잖아요."

말해 놓곤 뭐가 그리 재미있는지 딸의 목소리엔 장난기가 가득하다.

그러고 보니 벌써 10년이 되었나 보다. 한 해가 저물어 갈 무렵, 아들과 나는 미국 딸네 집에 가 있었다. 오랜만에 세 식구가 모여 밀린 이야기를 나누는데 딸아이가 느닷없이 친구들에게 엄마 만둣국을 맛보게 하고 싶다고 했다. 엄마 손맛이 그리운 유학생들의 마음을 헤아린 딸의 요청이니 어쩌겠는가? 며칠 동안 한국 마트, 미국 마트를 들락거리며 장을 봐서 만두를 빚고 한국 음식을 몇 가지 만들었다.

드디어 손님을 맞이하는 날, 처음 도착한 청년이 훗날 사위가 된 A군이다. 마침 아들이 현관에 쌓인 재활용 박스들을 내다 버리려는 참인데 그때 A군이 나타난 것이다. 아들은 혼자 버리러 가도 괜찮다고 하는데 A군은 굳이 돕겠다며 우리 아들보다 더 많은 박스를 가슴에 가득 안더니 성큼성큼 앞서간다.

그날 온 손님은 남자 둘, 여자 여섯 모두 여덟 명이었다. 같은 학교에서 석, 박사과정을 하는 저마다 전공이 다른 학생들로 평소에 자주 모여 한국 음식을 해 먹으며 웃고 떠들며 노는 사이란다. 나는 음식을 차려놓고 인사치레로 잠시 식탁에 앉았다가 바로 방으로 들어갔다. 왁자지껄 웃고 떠드는 소리가 들렸지만 바로 곤한 잠으로 빠져들었고 밤늦게 아들이 들어와 손님들이 다 가셨다고 깨워서야 일어났다.

우리가 미국에 다녀온 지 몇 달이 지난 어느 봄날이었다.

"엄마, 나 남자친구 생겼어. 엄마도 본 적이 있는 사람이야."

딸애가 전화로 알렸다. 놀라움 반 반가움 반 멍해져버린 나는 두근거리는 마음으로 누구냐고 물었다. 딸의 말이 분리수거 박스를 들고 가던 바로 그 청년이라 했다. 아뿔싸, 나는 그의 모습이 또렷이 기억나지 않았다. 이럴 줄 알았으면 주책 소리를 들을 각오로 식탁에 눌러앉아 그날 손님의 얼굴들을 자세히 익히고 올걸…. 후회막급이었다.

그날 밤 아들에게 A군에 대해 물어봤다.

"박스를 들고 가던 날 둘이 무슨 이야기 했니? 어떤 사람 같았어?"

"글쎄…. 그냥 착한 사람 같았어."

"아….”

아들의 말은 내 궁금증을 풀어주는 데 전혀 도움이 되지 못했다.

며칠 뒤 딸과 통화하며 두 사람의 만남 과정을 들을 수 있었다. 같은 학교에 다니던 두 사람은 대부분의 유학생 커플들이 그러하듯이 한국 학생들 모임에 참석하면서 서로 대화를 나누다가 친밀감을 느끼게 되면서 점차 가까워졌단다.

"엄마, 선량하고 따뜻한 사람이야. 여름방학에 한국 나가면 한번 만나보세요.”

딸의 이야기를 들으니 일단 마음이 놓였다. 나는 평소 아이들에게 배우자를 찾을 때는 무엇보다도 됨됨이를 먼저 봐야 한다고 늘 강조했는데…. 딸의 첫마디가 '선량한 사람'이라고 하는 것을 보며 바라던 것이 잘 이뤄진 것 같았기 때문이다.

그렇게 만남이 시작된 두 사람은 2년간 교제를 하다가 결혼했다. A군은 드디어 우리 집 사위 최 서방이 된 것이다. 사위는 심성이 반듯하고 착실하다. 스스로 말하기를 자기는 재미없는 사람이라 자식은 명랑하고 재미있는 엄마를 닮았으면 좋겠다고 한다지만 나는 그렇게 말하는 사위가 더 재미있다. 사위는 평소 짧은 머리를 좋아하는 성향인데, 내가 긴 머리를 좋아한다고 하니 처남 결혼식 때까지는 머리를 기르고 있겠다고 했단다. 장모님께 즐거움을 드리겠다면서 말이다.

딸이 일깨워준 덕분에 사위와의 첫 만남 이후 10년의 세월을 돌아보게 된다. 그동안 최 서방은 한결같은 모습으로 성실하고 정겹게 우리 곁에 있어 주었다. 나에게는 존재만으로도 더할 수 없이 든든한 맏아들 같은 사위이다.

엄마와 자기 짝꿍과의 첫 만남이 10주년이라고 의미를 부여하며 놀고 싶어 하는 딸…. 딸의 마음을 헤아려 기대에 부응하는 10주년 행사를 해주려 한다. 우리 식구들 모두 웃고 즐길 수 있는 특별한 날이 되도록 말이다. 아직은 어떻게 해야 할지 구체적인 계획은 없지만 머지않아 딸아이가 귀띔해 줄 것이다. 내가 미처 생각하지 못하는 10주년 행사의 구체적인 모습을 말이다.

아들의 결혼식을 마치고 미처 섭섭할 겨를도 없이 나는 사위와의 만남 10주년 행사를 준비해야 하려나 보다. 아마도 그날은 외손주 녀석의 재롱으로 온 집안이 웃음 가득 넘치는 날이 될 것이다. 이래저래 바쁜 연말이 될 것 같다.

토리와의 만남

토리를 처음 만난 것은 2016년 4월, 미국 한 대학 병원에서였다. 토리는 우리 외손자의 태명이다. 딸은 임신 초기에 '굵은 밤톨을 품 안에 가득 안았다'라는 시어머니의 꿈 이야기를 듣고 '톨' 자를 풀어서 '토리'라고 지었단다.

결혼하여 미국에 살며 대학원에서 공부를 하던 딸은 30대 중반에 첫 아이를 가졌다. 임신 초기에는 입덧으로 고생했고 점점 배가 불러오며 힘들게 지냈다. 바다 건너 멀리 있는 나는 안타까운 마음뿐, 달리 도움을 줄 수 있는 엄마가 못 되었다. 드디어 출산 20여 일을 앞두고 나는 미국 딸네 집으로 출발했다. 딸이 드디어 엄마가 되다니! 설레고 벅찬 마음에 14시간 비행하는 동안 평정을 찾기 어려웠다. 공항에 도착하니 딸과 사위가 나와 있었다. 만삭의 몸이 된 딸이지만 내 눈에는 마냥 어리게만 보였다. 객지에서 홀로 고생했을 딸이 안타까워 힘껏 안아 주었다.

딸네 집에 도착해서 하루하루 설레는 마음으로 손주를 기다렸으나 예정일이 지나도 토리는 세상에 나올 낌새가 없었다. 예정일 닷새가 지나서야 딸의 진통이 시작되었고 사위와 우리 모녀는 병원으로 향했다. 분만실을 겸한 입원실에서 몇 시간…. 산모의 진통이 점점 잦아지며 의료진은 급하게 움직였다. '조디 포스터'를 닮은 담당 의사는 여러 명의 수련의를 이끌고 나타났다. 딸은 온몸을 뒤틀며 여러 번 안간힘을 쓰더니 드디어 아기가 세상 밖으로 나왔다. 땀으로 흠뻑 젖은 딸은 아기를 안고 감격해했고, 곁에서 지켜보던 사위도 나도 눈시울이 붉어졌다. 그렇게 토리는 건강하게 태어나 우리 가족이 되었다. 집으로 돌아온 토리는 처음에 모유 먹는 것을 조금 힘들어했을 뿐 쑥쑥 자라주었다.

토리가 태어난 지 두어 주가 지난 어느 날, 창밖엔 싱그런 초록빛 잎사귀가 살랑살랑 흔들렸고 햇살은 눈부셨다. 내 품에 안긴 토리는 살포시 눈을 떴다가는 다시 감으며 배시시 웃었다. 포근하게 토리를 안고 있으니 온 세상이 내 품에 안긴 듯 촉촉하고 가슴이 뻐근했다.

딸네 집에 머무는 동안 토리와 나는 햇살이 좋은 오후가 되면, 바로 집 건너편에 있는 아파트 단지 내 수영장에 자주 갔다. 양지바른 곳 나무 의자에 흰 레이스의 모자를 쓴 토리를 안고 있으면 아기 천사를 안는 기분이 이런 것이려니 싶었다.

ESTA 비자로 입국한 상태라 딸네 집에 머물 수 있는 기한은 3개월이었다. 토리와 함께한 꿈같은 시간을 뒤로하고 어느덧 서울로 돌아갈 날이 다가왔다. 떠나는 날 아침, 토리는 할미와의 이별을 아는지 모르는지 평화롭게 잠들어 있었다. 나는 토리의 잠든 모습을 가득히 눈에 넣고 아쉬운 이별을 했다.

집에 돌아온 뒤 토리의 커가는 모습을 영상으로만 보며 지냈다. 이제 손자의 호적상 정식 이름이 지어졌지만, 나는 부르기도 쉽고 귀여운 느낌이 들어 그 후로도 '토리'라고 부르곤 했다.

10개월 뒤 토리의 첫 생일을 앞두고 나는 다시 딸네 집을 찾았다. 헤어질 때 강보에 싸여 있던 토리는 '엄마', '맘마', '함미'라고 몇 마디씩 의사 표현도 하고 뒤뚱거리며 걷기도 했다. 아마 돌잔치를 한 다음 날이었던 것 같다. 나는 소파에 앉아 있다가 허리가 아파 잠시 거실 바닥에 누웠다. 그때 옆에 있던 토리는 쿠션을 가져와 내 머리에 대어주며 안타까운 표정으로 "아야야, 아야야…."라고 소리를 내었다. 곱고 영롱하게 들리던 돌쟁이 손주의 그 목소리를 나는 결코 잊지 못할 것이다.

우리 모녀는 이따금 '자녀 애정 순위'를 정하는 장난을 한다. 물론 그 장난을 처음 시작한 건 딸이었다. 토리가 태어나 두 달이 되었을 때 이불에 싸인 모습을 들여다보며 '어쩜 이리 귀여울까….' 하며 감탄하는 나를 보더니 딸이 말했다.

"엄마는 당신의 아들, 딸보다 손주가 더 사랑스러운 모양이야."

그러면서 마음속에 자녀들 애정 순위가 어떻게 되느냐고 물었다. 나는 토리가 언제나 일등이고, 나머지는 모두 동률 2위라고 말했다. 몇 년의 세월이 흘렀지만 그 순위에는 변동이 없다. 토리가 영상을 통해서 "할머니~" 하고 해맑게 불러준 날은 그 맑고 고운 목소리가 하루 종일 귓가에 맴돌며 나는 마냥 기분이 좋다.

2023년 토리는 일곱 살이 되었다. 지난겨울 외삼촌 결혼식에 참석하러 우리 집에 와있던 토리는 떠나기 전날 밤, 나와 나란히 안방에 누워있었다. 이별을 앞둔 우리 조손(祖孫)은 한동안 말없이 있었는데 먼저 적막을 깬 건 토리였다.

"할머니, 내일 공항에 나가려니 섭섭해요."

"그래, 할머니도 많이 섭섭하단다. 그런데 섭섭하다는 건 어떤 마음이야?"

"마음에 울음이 있는 것…."

마음에 울음이 있는 것 같다는 손자의 말에 나는 울컥함을 누르느라 힘이 들었다.
　이제 머지않아 토리의 생일이 돌아온다. 이 할미는 토리를 기쁘게 해줄 쌈박한 선물을 찾아내느라 마음이 바쁘다. 지난해 어디선가 읽은 생일 축하 글이 생각난다.
　"한없이 사랑할 테니 더없이 행복해라…."
　토리를 향한 내 마음도 바로 그러하다.
　"토리야, 무엇을 하든 더없이 행복해라. 한없는 사랑은 이 할머니가 보내 줄 테니!"

'파이브 할머니'의 1위 자리 사수하기

손자가 말문이 트이면서 과연 외할머니인 나를 어떻게 부르려나 궁금했다. 드디어 나의 호칭이 불리게 되는 일이 있었다.

어느 겨울 딸네 집에서 3개월을 머물다 집으로 돌아오는 날이었다. 공항에 나온 어린 손자는 눈물이 그렁그렁해서 내 품에 안겨 있었다. 헤어져야 하는 서운한 마음에 나도 눈물이 나오려는 걸 꾹 참으며 아이 기분을 돌려놓으려고 객쩍은 소리를 했다.

"할머니가 담에 오면 당장 장난감 한 개 사러 가자. 꼭 기억하고 있으렴."

내 말에 손자는 얼굴이 환해지며 엄지와 검지를 펴더니 말했다.

"한 개 말고 두 개!"

제대로 잘 펴지지도 않는 꼬물꼬물한 손가락이 귀여워서 나는 손자 손바닥을 활짝 펴주며 농담했다.

"그럼 다섯 개는 안 될까?"

아이는 언제 눈물을 흘렸나 싶게 방긋 웃었다. 그 뒤로 지금까지 손자는 나를 '파이브 할머니'라 부르고 있다.

내가 '귀요미'라고도 부르는 외손자와는 태평양을 사이에 두고 떨어져 살지만 서로 미국과 한국으로 오가며 일 년에 한두 달은 만나며 지내왔다. 코로나로 인해 한동안 못 보는 동안 귀요미는 어휘가 풍부해져서 마지막 봤을 때와는 많이 달라졌다. 딸이 보내 주는 동영상을 보면 그 어설프고도 기발한 표현에 웃으며 빨려들게 된다.

지난 설날에 있었던 일이다. 딸네 식구들과 영상통화를 했다. 딸과 사위가 세배를 한 뒤 한복을 차려입은 손자가 나타났다.

"할머니, 삼촌, 새해 복 많이 받으세요."

"고마워. 우리 귀요미도 건강하고 복 많이 받으세요."

"삼촌도 고마워…. 복 많이 받으렴."

"근데 너무 아프고 피곤해서 얼른 자야 해요. 복은 내일 받을게요."

아들과 나는 마주 보며 한참을 웃었다.

손자의 말랑말랑한 손을 잡아보고 싶고 눈을 맞추며 종알거리는 이야기를 듣고 싶지만, 팬데믹 상황에선 그저 참는 수밖에 없었다. 그렇게 기대를 내려놓고 지내는데 보름 전 아침이었다. 딸아이가 조심스레 이야기를 꺼냈다.

"엄마, 나 다음 달 강의 끝나면 한국에 나가보려고 해요."

"그래? 어떻게 올 수 있어?"

"우린 백신을 다 맞아서 여행 허가가 났어요. 그리고 엄마가 못 오시니 우리가 가서 귀요미를 보여 드리려구요. 그리고 저도 너무 한국에 가고 싶어요."

나는 귀를 의심했다. 갑자기 현실로 다가온 만남 소식에 쿵쾅쿵쾅 가슴이 뛰었다. 이번엔 사위가 일이 있어 함께는 못 오고 열흘 뒤에 올 거란다. 미국에서 비록 백신을 맞았다 하더라도 한국에 들어오건 2주간은 외출하지 못하고 한정된 장소에서 자가격리를 해야 한다는데…. 집주인인 나와는 집에서 같이 생활해도 괜찮지만 주의해야 할 사항이 많다. 독립된 공간에서 지내며 되도록 부딪치지 않도록 해야 하고, 공동의 구간에서 잠시 마주칠 때도 마스크를 쓰고 거리 두기를 지키며 생활해야 한단다. 조금은 막연하기도 하고, 과연 가능할까 하는 생각도 들었다.

어른들이야 그동안 밀린 이야기도 나누고 보고 싶은 영화도 찾아보고 나름대로 휴식의 시간으로 지낼 수도 있다. 한창 움직임이 많은 활동적인 다섯 살 남자아이가 마당도 없는 좁은 아파트에서 2주간을 잘 지낼 수 있을지 염려가 되었다.

상황이 그러하니 두 손님이 도착할 날이 다가오면서 집 근처에 살고 있는 아들과 나는 분주하게 움직였다. 종전과는 다른 긴장감이 생겼다. 아들은 코로나 상황을 뚫고 먼 길을 오는 하나뿐인 조카가 지루하지 않게 해주려고 애썼다. 뭔가 창의적인 새로운 장난감을 구해주려고 고심했다. 할머니인 나도 2주간을 갇혀있어야 할 그들에게 좀 더 쾌적한 환경을 마련해주기 위해 대대적인 집 청소를 했다. 묵은 짐을 정리하며 혹시 손자가 분쇄기에 종이 넣는 것을 재미있어할지도 몰라 폐기해야 할 서류들은 한쪽에 따로 모아두었다. 딸에게 정보를 얻어가며 장난감도 찾아보았다.

그동안 '파이브'라는 숫자가 주는 위력으로 나는 가족 중, 손자에게 부동의 인기 1위였다. 이번엔 조카를 위해 아들도 열심히 노력하는 모습이 멋진 삼촌으로 비춰지고도 남을 듯했다. 막강한 경쟁자가 생겼다. 과연 내가 종전처럼 정상의 자리를 지켜낼 수 있을지 위기가 느껴졌다면 과장이 심할까?

나만의 다섯 가지 신선한 아이템으로 귀요미에게 즐거움을 안겨주며 '파이브 할머니'로서 인기 1위 자리를 지켜내기 위해 노력 중이다. 노안으로 흐릿해진 눈을 크게 뜨고 인터넷을 검색해 보며 손자가 좋아할 것을 찾다 보면 정상을 지키는 일은 쉬운 일이 아니라는 생각이 든다. 그러나 행복한 긴장감이 있는 즐거운 일이다. '파이브 할머니'의 1위 자리 사수하느라 나는 최선을 다하는 중이다.

며느리와의 1년

날짜는 신경 안 쓰고 요일만 기억하고 지낼 때가 있다. 2023년 12월 중순의 어느 토요일, 아들네와 저녁 약속이 있을 뿐 한가로운 날이었다. 문득 달력을 보다가 한 날짜가 눈에 들어온다. 12월 17일…. 1년 전 내가 마지막으로 혼주 한복을 입었던 바로 그날이다. 벌써 일년이 지났지만 그날의 차고 싸한 새벽 공기가 엊그제처럼 그대로 뼛속으로 느껴진다.

아들 결혼식 날에 새벽부터 흰 눈이 흩날렸다. 혼삿날 내리는 눈은 서설瑞雪이라고 말하는 이도 있지만 미끄러운 길에 예식장에 오실 하객들을 생각하면 전혀 반갑지 않았다. 날리는 눈발을 헤치며 7시쯤 미용실에 도착했다. 짧은 커트 머리의 박 원장이 웃으며 맞아주었다.

"어서 오세요. 일찍 오시느라 수고가 많으셨지요?"

"예, 원장님 안녕하세요? 정말 감사합니다. 이렇게 일찍 나와주시고…."

곧 칠순이 된다는 박 원장은 이른 아침에 나와야 하는 일정이 힘들어서 요즘 혼주 머리는 하지 않는다고 했다. 나를 소개해 준 여고 동창이 원장의 50년 단골이라 특별히 일찍 나왔다고 했다. 그녀는 경쾌하게 머리칼을 만져가며 예전의 내 결혼식에 대해 물었다.

"예식은 어디서, 신부 화장은 어디서 하셨어요?"

나는 선뜻 말이 안 나왔다.

잠시 후 혼주석에 혼자 앉을 생각에 가라앉는 마음을 애써 돌리고 있던 나에게는 힘든 질문이었다. 그러나 어쩌겠는가? 잘 보여야 하는 처지에 원장이 묻는 말에 대답을 안 할 수가 없었다. 예식은 '신라호텔 영빈관'에서, 신부 화장은 명동 '김선영 미용실'에서 했다고 했다. 원장은 반색하며 예전 그 미용실에 20여 년을 근무했다고 했다. 아마도 신부 화장을 하던 시기와 겹치는 것 같다며 인연이라며 호들갑을 떨었다. 원장은 어릴 적 친구라도 만난 듯 정겹게 회상했지만 그럴수록 내 마음은 가라앉았다.

그때 내 곁에서 신랑 화장을 하던 32살의 그 청년은 43년의 세월이 흐른 오늘 곁에 없었다. 당신 아들이 결혼하는 모습을 하늘에서 지켜보고 있으려나…. 가슴이 뻐근해지며 잔잔히 슬픔이 차올랐다.

아침 햇살이 퍼질 무렵에 내가 세상에서 가장 사랑하는 손주 녀석이 '할머니~'를 외치며 나타났다. 말랑말랑한 귀요미를 품에 안으니 내 서글픔은 저 멀리 하늘로 날아갔다.

그날 이후, 딱 1년의 세월이 흘렀다.

새롭게 우리 식구가 된 며느리는 마음이 따뜻하다. 해맑고 순수해서 며느리라기보다 손녀 같은 느낌이 들 때도 있다. '어머니~'라고 정겹게 부를 때면 우리 손자가 '할머니~'라고 불러줄 때처럼 마음이 포근해진다. 며느리는 요즘의 MZ세대지만 기대 이상으로 나를 정겹게 챙겨준다. 그동안 여러 번 감동을 주었지만 무엇보다 고마운 것은 상냥한 며느리 덕분에 아들이 예전보다 다정히 나를 대하고 있다는 것이다. 며늘아기는 세상을 보는 시선이 긍정적이고 솔직하다. 보고 있으면 기분이 좋아지고 같이 있으면 나도 정화되는 것 같아 편안하고 즐겁다.

요즘 친구들을 만나면 늘 하는 이야기가 있다. 이미 가정을 이룬 자녀들과는 너무 밀착되어 지내면 안 된다며 너도나도 주의를 준다. 평소 내 소신도 그러한지라 나름 실천하며 지내려 노력하고 있다. 장성한 자녀들과는 적당한 거리를 두고 지내는 것이 자식을 더 크고 넓게 사랑하는 방법이라고 생각하기 때문이다.

아들은 속마음은 따뜻하지만 타인과 지나치게 얽히는 건 싫어한다. 나도 그런 성향이라 아들의 그 마음을 너무도 이해한다. 아들네는 우리 집과 불과 5분 거리에 있지만 평소에는 덤덤히 마치 멀리 있는 것처럼 지내려 한다. 우리 시대엔 대부분 그랬듯이 내가 신참 며느리로 살았던 그 시절이 자유롭지 못했기에, 며느리를 자유롭고 행복하게 살도록 도와주고 싶다. 그것이 바로 '내 아들도 행복한 길'이라는 것을 믿기 때문이다. 지금까지 살며 터득한 지혜와 들어왔던 모든 정보를 총동원해서 말이다. 물론 내가 즐겁고 좋아서 하는 일이다.

돌이켜보면 지난 1년 동안 우리 고부 관계는 무난했다. 나는 며느리와의 만남이 즐겁고 우리 며느리도 나를 만나는 것을 그리 싫어하지 않는 것 같으니 말이다.

나는 누구와 쉽게 빨리 가까워지는 편은 아니지만 마음에 들이면 변함 없이 오래 가는 편이다. '좋아하는 사람의 명단'에는 자식과 손자, 사위, 며느리는 말할 것도 없거니와 친구, 선후배 그리고 가까운 지인들도 있다. 그중에는 늘 연락하며 자주 만나는 이가 있는가 하면 이따금 보거나 굳이 만나지 않고도 인연을 이어가는 이도 있다.

이런저런 옛 상념에 잠겨 있다가 서둘러 단골 상가로 나갔다. 손두부를 사기 위해서였다. 지난해 당뇨 판정을 받은 뒤 두부를 주식으로 먹는데 저녁이 되기 전에 다 팔려버리기 때문이다. 나선 김에 상가를 둘러보다가 꽃가게 앞에서 잠시 멈췄다. 며느리에게 축하 꽃다발을 전해줄까? 과유불급…. 시어머니가 모른척하는 게 나을지도 모른다는 생각에 잠시 머뭇거렸다. '그래도 축하한다고 꽃다발을 건네서 나쁠 것은 없겠지….' 꽃집으로 들어가 꽃다발을 예쁘게 하나 만들었다.

잠시 후 저녁을 먹으려고 만났을 때 며느리에게 꽃다발을 건넸다. 내가 결혼 1주년을 기억하고 있을 줄은 예상 못 했는지 깜짝 놀란다.

"1주년 축하한다. 네가 우리 식구가 되어서 정말 고맙고 덕분에 내가 많이 행복하단다."

며느리는 꽃다발을 안고 감격해하고 아들도 벅찬 표정이다.

며느리와의 만남이 벌써 1년이기도 하지만 이제 겨우 1년이기도 하다. 앞으로 어떤 일이 우리 관계 속에서 벌어지고 스며들지는 모를 일이다. 그저 믿는 것은 누구를 좋아하면 쉽게 내 마음이 변하지 않는다는 것이다. 그리고 나는 며느리를 진짜 좋아한다는 것뿐이다. 장담할 순 없지만 지금까지 그리 살아왔으니 앞으로도 그리 살게 될 것 같다. 아마도.

귀요미 선발 대회

지난해 봄, 미국 딸아이 집에 갔을 때였다. 밤늦은 시각, 아마 자정이 가까웠을 것이다. TV를 보다가 거실 소파에서 깜박 졸았는데 딸이 방문을 열고 나오며 다급히 나를 불렀다. 작고 낮은 목소리였으나 얼굴은 상기되었다. 나는 놀라서 일어나 앉으며 멀리 떨어져 있는 사위를 걱정했다.

"엄마, 엄마!"

"왜, 왜? 최 서방에게 무슨 일이 있어?"

"아니, 내일 딸기 농장에서 '귀요미 선발 대회'가 있다네."

"그래? 어머 어머, 어떡하니? 아무 준비도 못 했는데."

내 말에 딸은 무슨 준비가 필요하냐며 깔깔 웃었다. 잠든 아들이 깰까 봐 소리 죽여 나직나직 얘기하던 조금 전과는 사뭇 다른 모습이었다. 딸은 농장 찾아가는 길을 검색하느라 홈페이지에 들어갔다가 'Berry Cute Baby Contest'라는 공고문을 발견했다. 그것을 보는 순간 엄마가 늘 얘기하던 귀요미 선발 대회의 실사판이다 싶어 흥분되어 방에서 뛰어나온 것이었다.

워낙 딸기를 좋아하는 딸은 미국에서 먹는 딸기가 맛이 없다고 늘 아쉬워했다. 그나마 농장에 가서 사 오면 슈퍼에서 사다 먹는 딸기보다 맛이 조금 낫다는 얘기를 듣고 내일 가보기로 했다. 그런데 그 농장에서 귀요미 선발 대회를 한다니….

2년 전, 손자의 백일 때였다. 딸의 친구 현아가 봉제 인형을 하나 선물했는데 그 인형에는 '세·젤·큐'라는 세 글자가 자수로 새겨져 있었다. '세상에서 제일 귀여운'이라는 뜻이었다. 현아 덕분에 나는 손자를 '귀요미'라고 부르게 되었다. 손자 바보인 나는 평소 '귀요미 뽑는 대회'가 있으면 우리 손자가 당연히 일등일 거라고, 농담 반 진담 반 큰소리를 치곤 했다. 딸아이는 그런 나를 볼 때마다 어이없어하며 피식 웃곤 하더니 아마도 속으로는 싫지 않았나 보다. 이번 딸기 농장 '귀요미 콘테스트' 공고를 보며 나의 우스갯말이 생각났던 걸 보면 말이다.

다음 날 아침, 딸아이는 근처 쇼핑센터에 가서 자잘한 소품 몇 개를 사 왔다. 딸기색 티셔츠와 반바지, 그리고 해바라기 모양의 알 없는 선글라스…. 귀찮아 하는 손자에게 딸기색 옷을 입히고 집에 있던 초록 모자를 씌우니, 나름 딸기 소년처럼 귀여운 모양새가 갖춰졌다. 준비를 끝낸 우리는 차로 한 시간 거리에 있는 딸기 농장으로 출발했다. 창밖의 경치를 바라보면서도 과연 오늘 콘테스트가 어떤 분위기일까 내심 궁금하고 기대가 되었다.

도착해 보니 농장엔 이미 많은 사람이 와 있었다. 딸아이는 현장 접수를 하고 올 테니 기다리고 있으라 하고는 사라졌다. 미리 알았더라면 온라인으로 등록을 했을 텐데 자리가 남아 있으려나 싶어 나는 손자를 데리고 초조하게 기다렸다. 조금 후에 돌아온 딸은 다행히 한 자리가 남아서 등록을 마쳤다고 했다. 우리는 서둘러 점심을 먹고 대회장으로 향했다.

대회 참가 자격은 생후 24개월 미만이었는데 손자는 딱 23개월이었다. 참가 인원은 남녀 어린이 15명씩, 손자는 남자 끝번인 참가번호 15번이었다. 어린이들은 엄마와 함께 차례로 무대에 올라 사회자의 질문에 대답하고 율동을 하기도 했다. 딸은 다른 아이들이 무대에서 하는 것을 아들에게 설명해주며 예습시켜보려 했지만 손자 귀요미는 남의 재롱 따위엔 관심이 없어 보였다. 더운 날씨 탓에 콧등엔 송골송골 땀이 맺혔고 눈에는 졸음이 가득했다.

드디어 차례가 돌아왔다. 대기 중 꾸벅꾸벅 졸던 모습은 어디 갔는지 무대에 오른 손자는 씩씩했다.

"딸기를 좋아하느냐?"

사회자가 물었다.

"딸기는 싫어하지만 딸기 아이스크림은 좋아해요."

손자는 야무지게 대답하고, 뒤이어 흘러나오는 음악에 맞춰 엉거주춤 춤도 추었다. 어설프지만 열심히 했다. 나름 무대 체질인가 보다 싶을 정도였다. 율동이 끝나자 딸은 손자의 퍼포먼스가 흡족했는지 엄지척 해주며 손잡고 무대에서 내려왔다. 나도 무대 근처로 다가가서 대회를 야무지게 해낸 손자를 꼭 안아 주었다.

서른 명 어린이들의 무대가 모두 끝났다. 아무리 생각해도 이 할미 눈에는 우리 손자가 제일 귀여웠던 것 같아 내심 기대했다. '으뜸 귀여운 어린이상'은 키가 큰 금발의 미국 꼬마에게 돌아갔다. 심사 기준이 무엇이었을까? 부풀었던 기대 풍선이 쪼그라들어 맥이 빠졌다. 손자는 빨리 딸기 아이스크림 먹으러 가자며 엄마 손을 이끌었지만 나는 손자가 상을 받지 못한 게 서운했다. 훗날 좋은 추억이 될 텐데 싶기도 하고, 우리 귀요미가 '세 · 젤 · 큐'임을 공식 인정받을 절호의 찬스를 놓친 것 같은 아쉬움 때문이기도 했다.

아이스크림을 사 먹으며 쉬는 동안 딸은 시카고에 가 있는 사위에게 상황 보고를 했다.

"이건 분명 주최 측의 농간이고 인종차별도 있는 것 같아요."

함께 지켜보지 못한 남편에게 장난하고 싶은지 짐짓 속상한 척을 했다.

집으로 돌아오는 차 안, 손자는 곤한 잠에 빠져들었다. 딸과 나는 우리 귀요미가 무대에서 얼마나 신통하게 했는지 장면을 되새겨보며 패인을 객관적으로 분석해보았다.

"딸기를 좋아하지 않는다는 말이 감점 요인이 되지 않았을까요?"

"해바라기 모양의 선글라스도 오늘 컨셉과는 좀 어울리지 않았던 것 같아."

"하루만 미리 알았더라도 의상에 좀 더 신경을 썼을 텐데…."

그러다 문득 어제까진 존재조차 알지 못했던 귀요미 선발 대회에 이렇게 열 올리는 모습에 웃음이 터졌다. 우리 모녀는 마주 보며 한참을 웃었다.

귀요미 선발 대회 참가 추억도 엮으며 딸네 집에서 두어 달을 지내고 돌아왔다. 나는 딸기를 먹을 때마다 멀리 있는 딸이 생각났다. 또한 무대 위에 앙증맞게 서 있던 딸기 소년 손자의 모습도…. 비록 우리 손자가 수상을 못한 것이 살짝 섭섭하기는 했지만 아담한 딸기 농장에서의 '귀요미 우승자 타이틀'이 도대체 무슨 의미가 있겠는가. 나에게는 내 손자가 '세·젤·큐'이듯이 이 세상 모든 할머니에게는 자기 손주가 세상에서 제일 귀여울 텐데 말이다. 모두 각자 우승자인 셈이다.

맑은 날씨 속에서 아이들과 함께 즐겁게 한나절을 보낸 것만으로도 충분히 행복한 시간이었다. 점점 삭막해지는 우리의 삶에서 사랑하는 이들과 한 켜 한 켜 좋은 추억을 쌓아가는 것. 그보다 더 즐거운 일은 아마 없는 것 같다.

내 안에 기린이 서 있다

　희끗희끗한 머리칼의 남편은 두 팔을 올려 손자를 천장 가까이 들어 올렸다. 어린 손자는 양팔을 벌려 잠자리처럼 나는 듯했다. 두 사람은 마주 보며 활짝 웃었다. '할아버지~'를 부르는 손자의 목소리는 맑고 또랑또랑했다. 아득히 메아리치는 손자 음성을 느끼며 나는 놀라서 눈을 떴다.
　주위엔 남편도 없고 손자도 없었다. 비행기 안의 어두운 공기만이 나를 감쌌다. 꿈속의 장면이라기엔 두 사람의 모습이 너무도 생생했다. 잠시 멍하니 앉아 있다가 좌석 앞 TV 화면을 켰다. 남은 시간은 9시간 11분. 도착 예정 시각은 05시 10분이니 아마도 동이 트기 전엔 인천에 닿을 터였다.

미국 캘리포니아에 사는 딸네 식구를 만나고 돌아가는 길이었다. 22시 40분 출발 비행기를 타고 자정이 되어서야 늦은 기내식을 먹었다. 밥을 먹고 깜빡 잠이 들었는데 할아버지를 부르는 손자의 목소리에 그만 깼다. 하늘에 떠 있는 공간이 답답했다. 그러나 이 답답함을 견뎌내야만 딸과 손주를 만나러 갈 수 있다. 앞으로 남은 인생에 몇 번이나 더 다녀갈 수 있을지….

답답함을 떨치려 자리에서 일어나 화장실로 향했다. 찬물로 손을 씻으며 세면기 위에 쓰여 있는 문구를 읽었다. '다음 분을 위하여 세면기를 닦아주시면 감사하겠습니다' 이 안내문을 읽을 때마다 나는 남편이 생각난다. 30여 년 전, 어린아이들을 데리고 처음 비행기를 탔을 때 남편은 두 아이에게 손을 씻은 후에는 휴지로 세면대를 깨끗이 닦고 나와야 한다며 찬찬히 일러주었다. 평소 잔소리라곤 없는 사람이었는데 왜 유독 아이들에게 그것을 강조했을까? 오래전 일이지만 그의 음성이 또렷이 기억났다. 어느덧 나도 정성을 다해 세면대를 물기 없이 말끔히 닦고 나왔다.

화장실을 나와 잠시 휴게 공간에 앉았다. 널찍한 공간에 혼자 있으니 숨통이 트이는 듯했다.

"음료 한 잔 드릴까요?"

승무원이 다가와 물었다. 나는 워터 스프레이를 하나 달라고 했다. 차가운 물기를 얼굴에 두어 번 분사하고 나니 그제야 정신이 좀 들었다.

남편이 하늘나라로 떠난 지 20여 년, 그는 생각만큼 내 꿈에 자주 나타나지는 않았다. 그런데 웬일이었을까? 캘리포니아를 떠나기 전날 손자가 한 말을 들었던 것일까?

어젯밤, 손자와 나는 한 침대에 누워있었다. 마지막 밤을 조손祖孫이 함께 보내라는 딸의 배려였다. 옆에 누워 뒤척이던 일곱 살 손자는 나직했지만 낭랑한 목소리로 물었다.

"할머니, 파이브 할아버지는 언제 하늘나라에 가셨어요?"

나는 뭐라 해야 할지 잠시 머뭇거리다가 소심하게 대답했다.

"응, 아주 옛날에….''

아마도 어젯밤 우리 둘의 대화를 듣고 그 관심에 부응하려고 남편은 잠시 내 꿈에 나타났었나 보다.

10여 년 전 딸이 공부하러 미국으로 떠났을 때, 공부가 끝나면 당연히 집으로 돌아올 줄 알았다. 그러나 딸아이는 그곳에서 짝을 만나 결혼하고, 아이를 낳아 워킹맘이 되어 미국에 살고 있다. 본인이 원해서 한 선택이었기에 나도 딱히 반대 의사를 표하지 않았다. 그 과정이 어찌나 자연스러운지 그러려니 받아들였다.

비록 바다 건너 멀리 떨어져 살지만 매일 통화하며 음성을 들려주고 영상으로 일상의 여러 장면을 보여주고 해서 멀리 있다는 것을 크게 실감하지 못하고 지냈다. 나도 일 년에 한 번쯤은 미국에 다녀오고, 딸네 식구들도 자주 한국에 나오곤 해서 못 보고 산다는 아쉬움은 크게 못 느끼고 있었다. 그러나 코로나19의 확산으로 그 공식은 다 깨져버렸다. 코로나의 여파로 이번 딸네 집 나들이가 4년 만이었다.

20여 일 전, LAX 공항에 도착했을 때 손자는 예쁜 꽃다발을 들고 서 있었다. 우리는 반가움에 한참을 꼭 안은 채 빙그르르 돌았다. 곧바로 사위, 딸과 함께 손자의 축구 클럽에 갔다. 손자는 전반전은 골키퍼로, 후반전은 공격수로 활약했다. 썩 재주가 있는 편은 아니었지만 딱딱한 골키퍼 장갑을 끼고 잔디밭 위를 땀 흘리며 뛰는 모습은 마냥 귀엽기만 했다. 사위는 골대 뒤에서 열심히 코치하고, 딸은 그늘막에 앉아서 열심히 선수들을 향해 손뼉을 치며 다른 엄마들과 교류했다. 그동안 딸이 보내주던 영상 속에서 익히 보던 장면이었지만 직접 와서 보니 생생하게 현장감이 느껴졌다. 어린 자식을 위해 정성을 다하는 사위와 딸이 기특해서, 쾌청한 날씨 속의 상쾌함을 즐기면서도 나는 코끝이 시큰했다.

축구장을 나와 딸네 집으로 향했다. 몇 달 전 이사 온 집…. 나로선 처음 와보는 곳이었다. 그동안 영상으로 많이 보아서인지 동네가 익

딸아이 7세 때 아빠가 그려준 초상화

숙하고 낯설지 않았다. 적당히 넓은 골목 양쪽으로 크고 작은 단독주택이 이어졌다. 고즈넉하고 깔끔한 동네가 마음에 들었다. 집에 들어서자 가장 먼저 눈에 보이는 건 거실 선반 위에 놓인 딸의 어릴 때 초상화였다. 딸이 지금의 손자 나이일 즈음, 남편이 그려준 것이었다. 30여 년을 우리 집에 있던 것인데 몇 년 전 딸이 미국 집으로 가져온 것이다. 또 다른 벽엔 손자의 다양한 미술 작품들이 전시되어 있다. 다음 주엔 손자 학교의 미술 수업을 딸이 1일 교사로 진행한다는데, 나도 보조교사로 참여할 수 있도록 신청해 두었단다. 과연 이 동네 꼬마들의 미술 수업은 어떤 모습일지 몹시 궁금했다.

사위가 무거운 내 트렁크를 번쩍 들어 계단을 올라갔다. 우리도 따라 올라갔다. 2층 복도 끝에 있는 두 개의 방이 내가 쓸 공간이었다. 침대가 놓인 방에는 옷을 걸어둘 공간과 내 일상용품을 넣어 둘 선반과 바구니 등을 준비해 놓았다. 그 옆으로 거실처럼 사용할 또 하나의 방이 있었다. 책꽂이, 책상, 3인용 소파가 놓여 있고 TV도 있었다. TV는 나를 위해 이번에 새로 들여놓았단다. 엄마 취향을 파악해서 정성껏 준비해 놓은 딸의 배려가 고마웠다. 준비하느라 애썼을 그 노고가 애처로워 가슴이 뭉클했다. 아마도 젊은 애들은 기꺼이 즐거운 마음으로 힘든 줄 모르고 준비했을지도 모르는데, 나는 이것저것 왜 자꾸 뭉클한 마음이 드는지 모르겠다. 나이 탓인가?

캘리포니아에서 보낸 시간을 떠올리며 천천히 기내식을 먹었다. 후식으로 오렌지가 나왔다. 딸네 집 마당엔 오렌지 나무가 한 그루 있다. 서너 달 뒤엔 200여 개의 오렌지가 달릴 거라 했다. 나뭇가지가 휘어지게 오렌지가 열릴 그때, 다시 이 비행기를 탈 수 있으려나? 그

때도 손자가 궁금해 한 '파이브 할아버지'가 꿈에 나타나 건강한 모습을 보여줄까?

평상시 꿈에 보이지 않던 남편이 비행 중 꿈결에 와준 것은 땅보다 물리적 거리가 가까워서였을까. 꿈속에서 손자를 번쩍 들어 올리는 남편의 모습은 마치 기린처럼 보였다. 기린은 시력이 좋아서 멀리까지 내다보는 능력을 지녔다던데, 남편은 우리 가족을 두루 살펴줘야 해서 목이 길고 눈이 밝은 기린의 모습으로 나타난 것이 아닐까 싶다. 그러고 보니 살아오는 고비마다 남편은 기린처럼 우뚝 서서 우리 곁에 있었다. 내 안에 있는 듬직한 기린, 그 기린이 있는 한 나는 앞으로도 몇 차례 더 딸네가 있는 곳으로 날아갈 수 있을 것 같다.

나는 오렌지 나무 밑에서 손자와 함께 바구니에 오렌지를 가득 주워 담을 그날을 그려보고 있다.

행복 토네이도

　딸네는 미국 동부 메릴랜드에 살다가 캘리포니아의 작은 마을로 거주지를 옮겼다. 한인들이 많이 사는 LA 근교로 이사하며 딸애는 무척 즐거워하며 들떠 있었다. 한국에 사는 부모님들이 오갈 때 비행시간이 두어 시간 줄어드는 것도 좋고 1년 내내 날씨도 온화한데다가 고모와 가까이 살게 된 것도 즐겁고 기대된다고 했다.
　시누이는 결혼 전 잠시 우리 가족과 함께 살았다. 그때 막 태어난 조카를 퍽 예뻐해서 유학 준비를 하는 바쁜 나날이었지만 아기 목욕도 같이 시켜주고 우유도 먹여주었다. 초보 엄마인 나에게 큰 힘이 되었다. 그 후 시누이는 결혼하고 미국에 정착하여 살았고, 딸도 고모처럼 똑같은 코스를 거쳐 어린 아들을 키우며 캘리포니아에 살고 있다.

그렇게 40여 년 전 갓난아기와 자상한 고모로 만났던 두 사람은, 오랜 세월이 흘러 이역만리 타국에서 이웃으로 지내게 된 것이다. 멀리 떨어져 사는 어미로서는 딸아이가 가족들과 떨어진 외국 생활이 너무 외롭지 않을까, 늘 안타까웠다. 그러다가 최근 고모네와 가까이에서 자주 왕래하며 즐거워하는 모습을 보니 한결 마음이 놓였다.

특히 8살 된 손자는 고모할머니, 할아버지, 삼촌을 만나는 것이 늘 기다려지고 설레는가 보다. 한 달 전 바닷가에 놀러 나가 그린 그림에서도 그 마음이 그대로 표현되었다. 사진 속에는 한적한 바닷가에서 석양을 바라보며 손자가 그림을 그리고 있다. 초록색과 파란색으로 표현된 바다, 역삼각형 대열로 나타낸 검은색 갈매기, 그리고 도화지 왼쪽엔 빨강, 분홍, 노랑 다섯 단으로 나누어진 콘 모양의 아이스크림이 하늘에 닿도록 그려져 있다. 나는 커다란 아이스크림이 무엇을 의미하는지 궁금해서 딸에게 물어보았다.

꼬마 화가 손자는 이렇게 말했다고 한다.

"캘리포니아로 이사 와서 너무 좋은 것은 고모할머니와 할아버지를 자주 만나는 거야. 기쁘고 행복한 그 마음은 하늘로 솟아오르는 토네이도와 같아."

아, 행복한 기분을 평소 좋아하는 아이스크림으로 형상화해서 토네이도로 표현한 것이라니! 어린아이의 맑고 순수한 마음이 그대로 느껴졌다.

손자는 행복은 토네이도 같은 것이라는데 나에게 행복이란 무엇일까. 문득 스냅사진처럼 지나가는 장면들이 있다.

여고 시절 어느 봄날. 점심 도시락을 후다닥 먹고 친구들과 운동장으로 나갔다. 주위엔 라일락꽃 향기가 가득했고, 우리는 운동장 가운데에 있던 회화나무 아래의 벤치에 앉아 떠들곤 했다. 교정 전체에 울려 퍼지던 양희은의 '일곱 송이 수선화'와 쇼팽의 피아노 연주를 들으며 우리는 포근한 행복에 젖어들었다.

30대 중반에 나는 둘째를 낳았다. 그때 우리 네 식구는 토요일 오후가 되면 아파트 옆 잔디공원으로 자주 산책하러 나갔다. 코에 땀이 송송 맺히며 동생의 유모차를 즐겁게 밀어주던 여덟 살 딸, 유모차에 앉아 벙긋거리던 한 살 아들, 그 모습을 열심히 비디오카메라에 담던 남편…. 나무 그늘에 앉아 지켜보며 나는 충만함으로 가득했고 이것이 행복인가 했다.

환갑이 되던 해, 딸이 결혼했다. 딸의 출산을 앞두고 나는 미국으로 건너가서 첫 손주를 만났다. 강보에 싸인 외손자를 품에 안고 딸네 집 소파에 앉아 나는 따뜻한 햇살과 흔들리는 초록 나뭇잎을 쳐다보며 잔잔하지만 벅찬 행복을 느꼈다.

인본주의 심리학자 매슬로는 '행복이란 인간의 욕구 충족과 자아실현 사이의 균형점에서 발생하는 만족감'이라 했고, 또한 긍정심리학자 셀리그먼은 '행복은 삶의 만족도와 긍정적 감정의 빈도수頻度數'라고 했다. 평범한 할머니로 살아가는 나에게 행복이란 우리 아이들이 몸과 마음이 건강하고 주어진 일을 잘 감당하며, 감사의 기쁨으로 살아가는 모습을 지켜보는 것이다.

LA에서 고모할아버지와 할머니를 자주 뵈면서 손자는 하늘로 올라가는 토네이도처럼 행복을 크게 느낀단다. 작은 성취와 즐거움의 조각들이 모여서 손자의 행복지수가 점점 높아지기를 나는 기도한다.

평소 좋아하는 사자성어 화이부동(和而不同-남과 어울려 지내지만 뜻을 굽혀 남의 의견에 동조하지는 않는다)에서 '이'라는 소리를 취해오고, 앞으로 더욱 부드럽게 지내고 싶은 마음에 '유연하다'에서 '연'을 취해서 '이연'이라고 했다. (…) 인생의 남은 시간 필명에 담긴 의미처럼 '부드럽고 줏대 있게' 내 인생을 정리하며 좋은 글을 쓰고 싶다.

4부_ 충분히 좋은 지금의 나

목요일은 글방에 간다 •
걷고 또 걷는다 •
사이버 세상에 내 땅 만들기 •
충분히 괜찮은 우리 •
내가 오래 살아야 하는 이유 •
내 글의 첫 독자 •
부드럽고 줏대 있게 •
나를 소개합니다 •

추천사_ 이야기를 통해 연결되어/김유숙 교수
추천사_ 풍성하고 인간적이며 아름다운/최문훈 교수

목요일은 글방에 간다

2015년 여름이었다. 눈 뜨면 제일 먼저 펼쳐보는 조간신문에서 '홍 여사 글쓰기 강좌'가 시작된다는 기사를 보았다. 평소 이 신문에 실리는 홍 여사의 '별별 다방으로 오세요'를 재미있게 읽고 있었다. 인간에 대한 묘사에 감탄하던 참이라 반가운 마음에 재빨리 수강 신청을 했다.

평소와 달리 주저 없이 덜컥 수강 신청을 한 것이 뭔가 이상한 조짐이었을까? 며칠 뒤 나는 쇼핑센터의 좁은 주차빌딩을 오르며 벽을 두 번이나 박아버리는 운전 사고를 냈다. 차는 찌그러져 폐차 직전 상태이고 발목을 다쳐 깁스를 하게 되었다. 주변에 다른 사람이 없어만 다쳤던 게 그나마 다행이었다.

　이왕 이렇게 된 것 충분히 휴식 시간을 갖기로 했다. 그즈음 딸을 결혼시키며 피곤이 쌓인 것도 있었기에 넘어진 김에 쉬어가기로 했다. 혼례에 와주신 분들에 대한 답례로 식사 대접을 하려던 일정을 모두 미루었고, 홍 여사의 강의도 못 듣는구나 싶었다. 깁스를 한 다리로 광화문까지 다니는 건 무리라는 생각이 들어서였다.

　어쩌다가 수강 신청을 취소한다는 것을 깜빡 잊었다. 개강 날인 목요일이 되어서야 생각이 났다. 신문사에 문의하니 당일 취소는 전액 환불이 안 되고 1회 수강료는 공제하고 나머지만 돌려준다고 했다. 그날 오후 점점 개강 시간이 다가오자 나는 강의실 분위기가 궁금해졌다. 안정이 안 될 정도였다. 희한한 일이었다. 그럴 바에야 홍 여사 얼굴이나 한번 보고 오자는 생각에 깁스를 한 채 택시를 타고 수업에 나갔다.

　강의실엔 50~70대 연배의 분들이 대부분인 듯했다. 설레는 마음으로 시작을 기다리는데 드디어 저녁 7시가 되었다. 긴 머리의 젊은 여성이 들어오더니 자기가 '홍 여사'라고 인사를 했다. 평소 '별별 다방으로 오세요'를 통해 어르신들 삶의 애환을 너무도 잘 묘사하고 있었기에 홍 여사는 60대의 여성일 것으로 추측했다. 그러나 눈앞에 나타난 그녀는 예상과 달리 40대의 젊은이라서 너무도 의외였다. 나쁜만 아니라 다른 수강생들도 그리 생각하는 듯했다.

  홍 여사는 자신을 소개하며 큰 자랑거리는 '엄마와 가까운 것'이라고 했다. 나도 한때는 우리 엄마가 세상에서 제일 예쁘고 총명한 분이라고 여기며 좋아했다. 그러다가 아버지의 사업 실패로 가세가 기울며 처녀 가장 노릇을 하다 보니 어깨가 점점 무거워졌다. 나이게 지나친 기대를 하고 부담을 주는 엄마를 마냥 좋아할 수는 없었다. 경제적인 지원은 해 드리지만 다정하게 대할 수 없어서 괴로웠다. 엄마에게 정서적으로 맘껏 가깝게 다가가지 못하는 아쉬움이 있어서인지 '엄마와 가깝다'는 홍 여사의 말이 아주 크게 다가왔다. 나는 그녀의 상큼하고 빛나는 모습을 부러움으로 바라보았다.

  글을 잘 쓰고 말도 잘한다는 것은 쉽지 않은 일이다. 홍여사는 둘 다 잘했다. 어찌 그리 적절하고 균형감 있게 의사 표현을 잘하는지…. 나는 감탄하며 쳐다보았다. 그렇게 첫 수업에서 홍 여사에게 매료된 후 깁스를 한 다리로 8회 강의를 끝까지 빠짐없이 들었다. 광화문까지 택시로 오가느라 수강료보다 교통비가 많이 들었지만 그 노력과 비용이 전혀 아깝지 않았다.

  학창 시절, 무엇보다도 글을 잘 쓰고 싶었지만 글 방면으로 칭찬을 들은 기억은 별로 없다. 그나마 직장에 다니던 시절, 칭찬에 인색하던 윗사람에게 '아주 깔끔하게 글을 잘 쓴다'라는 소리를 들은 것이 기억에 남는다.

 홍 여사의 수업을 듣는 동안 기억 속에 남아 있는 그 칭찬의 불씨를 되살려 글을 써보려 했으나 짧은 글조차 쉽게 써지지 않았다. 다른 수강생들이 써내는 글을 함께 읽고 홍 여사의 촌평을 들으며 그 공간에 함께 있는 것만으로도 즐거웠다. 종강 무렵 수강생들은 수업이 계속되길 바랐으나 홍 여사는 기약할 수 없다고 했다.

 간절히 바라면 이루어진다고 했던가? 다행히 그해 겨울, 광화문에서 다시 수업을 들을 수 있었다. 그렇게 광화문 시대를 지나 뜻있는 사람끼리 글쓰기를 배우는 소규모 '목요일 글방' 강좌는 계속 이어졌다. 그동안 코로나와 여러 사정으로 중간에 강좌가 잠시 끊어진 적도 있었으나 다시 맥이 이어져 오늘에 이르게 되었다.

 그동안 내 일상은 목요일 글방을 중심으로 엮어졌다. 듣고 싶은 강좌가 있어도 글방 수업과 겹치면 미련 없이 접었다. 여행 계획도 되도록 목요일 전에 도착하도록 일정을 잡았다. 수업 빠지는 것을 피하려 딴에는 애썼다. 지인들은 나의 목요일을 기억하고 되도록 목요일을 피해 모임 스케줄을 잡아주었다.

 글방과의 인연으로 나는 잊고 있었던 글 쓰는 사람이 되겠다는 꿈을 다시 펼쳐보고 있다. 글을 쓰면서 달라진 것은 모든 사물이 예사로 안 보이고 하나하나가 의미있게 다가온다는 점이다. 매주 목요일을 기다리며 글 한 편을 쓰고 퇴고를 반복하는 나의 하루하루는 활력이 넘친다.

살다 보면 지나고 나서 곰곰이 되짚는 일들이 더러 있다. 그해 여름 글쓰기 강좌 수강 취소를 깜빡 잊었던 내 실수도 지금 생각해보면 아주 잘된 일이다. 만일 내가 매사에 철두철미해서 글쓰기 수강 신청을 일찍 취소해 버렸다면 이토록 행복한 글쓰기를 만날 수 없었을지 고른다.

물처럼 흘러가는 대로 지내다 보면 만날 사람은 어느 곳에서 다 만나게 되는 모양이다. 비켜 가지 않고 만나야 할 인연이라 누군가는 어이없이 넘어지기도 하고 빠뜨리기도 하는 일이 벌어지는 게 아닐까.

그해 여름, 깁스를 하고 광화문을 누비던 내게 고맙다고 말하련다.

걷고 또 걷는다

하반기가 시작되는 7월 1일, 나의 아침은 어제와 다르다. 당뇨 환자로 첫걸음이 시작된 것이다. 잠에서 깨어 제일 먼저 혈당 체크부터 한다. 바늘로 손가락을 찔러 피를 내고 혈당 수치를 측정하여 당뇨 수첩에 기록한다. 그리고 부엌으로 가서 여주 차를 끓인다. 아침 식사로 두부, 당근, 양배추, 삶은 달걀을 먹고 걷기 위해 집을 나선다.

우리 아파트에서 횡단보도 하나만 건너면 양재천이 나온다. 멀리 다른 동네에서도 일부러 걸으러 온다는 멋진 산책로다. 맑은 물이 흐르는 옆으로 산책길이 3단으로 펼쳐진다. 여름이 왔다곤 하지만 걷기에 아직은 덥지 않다. 특히 내가 걷는 길은 나무가 우거져 햇빛을 피할 수 있는 터널이다. 걷기에 이리도 쾌적한 곳을 곁에 두고 30여 년을 살면서도 외면하고 살다니…. 그동안 주위에서 운동해라, 걸어야 한다는 충고를 자주 들었다. 요리조리 핑계를 대며 하지 않다가 발등에 불이 떨어져서야 이 여름날 조급하게 걷고 있다. 화강암으로 된 징검다리 앞에 서니 물소리가 제법 시원하게 들린다. 이 물소리를 듣는 것만으로도 걷기를 예찬하고 길을 사랑하는 이유가 될 것 같다.

당뇨 판정 후 선희 생각이 많이 났다. 어젯밤 통화한 후, 내내 미안한 마음이 들었다. 친구의 지병에 그동안 너무 무심했다는 생각 때문이었다. 10여 년 전, 여고 동창회에서 안동 지역을 여행하며 넓은 한옥에서 1박을 했다. 선희는 내 옆자리에서 잠을 잤는데 아침에 일어나자마자 몸을 벽 쪽으로 돌리더니 손끝을 바늘로 찌르고 있었다.

"뭐 하는 거니?"

"응. 당 체크하는 거야."

나는 선희 말의 의미를 잘 몰랐다. 그저 혈압약 먹는 사람이 매일 혈압을 재는 정도의 의미로만 생각했다. 만약 내가 알았더라면 여행 중 몸에 좋은 음식을 옆에서 슬쩍 좀 챙겨주었을 텐데…. 무지한 나는 무심하기만 했다.

선희가 당뇨 관리를 하고 지낸 것이 30년이나 되었다는 것을 전화

통화로 처음 알았다. 노인 열 명 중 세 명은 당뇨라니 너무 걱정 말라고 했다. 그러면서 가족력이 있으니 쉽게 생각지 말고 철저하게 관리해야 한다며 주의를 주었다. 친구는 먹는 약으로만은 당수치 조절이 안 되어서 주사와 병행하고 있다고 말했다. 선희는 통화를 끝내며 한마디 했다.

"수박 먹지 마!"

그 말에 혼자 한참을 웃었다. 여름되면 나는 수박을 달아놓고 먹는 마니아다. 카페에 가서도 수박 주스를 주문한다. 며칠 전 안면도로 여행을 가면서도 수박을 한 통 가지고 갔다. 당뇨에는 피하라는 과일을 그렇게까지 가까이하며 지냈으니….

여행을 같이 갔던 친구들은 내가 입이 마르다고 계속 물을 마시는 것을 보더니 당뇨가 온 것 같다며 걱정했다. 서울 올라가면 바로 검사를 받아보라고 했다.

검사 이튿날 결과를 보러 간 진료실에서 만난 젊은 의사는 결과지와 나를 번갈아 보았다.

"이처럼 머리 아픈 경우는 처음 봐요."

의사는 쉴 새 없이 말을 쏟아냈다. 당을 낮추기 위해 약을 써야 하는데 간도 나쁘고 다른 수치들도 엉망이라 쓸 수가 없다고 했다. 일원해서 일단 수치를 낮춰봐야 하는데 그래도 안 되면 직접 주사를 놓으며 살아야 될 거라 진단했다. 지금 상태로 봐서는 걸어가다 쓰러질 수도 있다고 사정없이 겁을 주었다.

병원을 나와 집에 오는데 착잡했다. 내리쬐는 햇살을 받으며 걷는데 갈 때와 달랐다. 기분 탓인가? 휘청거림이 느껴져 조심스럽게 걸어왔다. 의사의 말은 거침없었지만 확실히 나한테는 특효제 처방이었다. 어쩜 그녀는 내 인생의 후반기를 변화시키는 천사인지도 몰랐다. 강한 자극을 줘서 내가 지금보다 더 건강하게 살도록 하는 역할을 부여받고 그 맡은 바를 충실히 전달한 당찬 천사!

사실 나는 의사에게 심한 말을 들어도 될 만큼 무심하게 살았다. 코로나 이전에는 석 달에 한 번, 평소 복용하는 고혈압, 고지혈증 약을 처방받으러 갈 때마다 혈액 검사를 했다. 당뇨 수치가 경계에 와 있으니 조심하라는 주의를 들었지만 그 말을 대수롭지 않게 생각했다. 단 하나뿐인 오빠가 당뇨로 오래 고생했다. 결국 합병증으로 신장 투석을 받다가 세상을 떠났는데도 나는 건강에 무심했다. 아무리 생각해도 이해할 수 없는 일이었다.

내과에서 당뇨 판정을 받고, 종합병원에 가서 다시 진단 받기까지 나는 피나는 노력을 했다. 탄수화물 중독이었던 내가 쌀, 떡, 빵을 끊었고 좋아하던 과일도 먹지 않았다. 걷는 것에 그리도 꾀를 냈지만 만사 제치고 아침저녁으로 양재천을 걸었다. 나로서는 쉽지 않은 일이었지만 꼭 해내야만 했다. 열흘 뒤, 종합병원 내분비과에 가서 당뇨 전문의를 만났다. 위험 수치였지만 조금 내린 것 같다며 의사는 일단 약을 복용하며 지켜보자고 했다. 당장 병원에 입원하여 주사로 조절하라는 소리를 안 들으니 다행이었다. 무엇보다 한창 바쁜 자식들에게 엄마 때문에 병원을 찾아다니는 수고를 안겨주고 싶지는 않았다.

당뇨 상태를 알게 된 아이들은 염려를 했다. 바다 건너 멀리 있는 딸은 "엄마, 그렇다고 너무 무리는 하지 마." 하며 의젓하게 격려해주었다. 사랑스러운 며느리는 당뇨에 좋은 음식을 챙겨주려고 무척 어썼다. 기특한 아이들을 위해서라도 나는 종전과는 다르게 살아야 한다고 마음을 다졌다.

매일 걷다 보니 조금씩 걷는 일에 즐거움이 생긴다. 울창한 나무숲도 쾌적하고 졸졸 흐르는 물소리도 듣기 좋고 곁에 오가는 이들도 정겹게 느껴진다. 합창단에서 노래 가사를 외워 오라 했는데 집에선 잘 듣게 되질 않는다. 이어폰을 끼고 씩씩하게 걸으며 찬찬히 가사를 외우고 있다. 그리고 다리에 힘이 떨어지면 소싯적 따라 부르던 경쾌한 리듬의 노래, 나나 무스쿠리의 '오버 앤 오버'를 듣는다. 사람들이 근처에 없으면 그 후렴을 따라 부르기도 한다. '랄라라 라라 탈라라라. 랄라라 랄라 랄라라라….'

아마도 나는 조만간 다리에 힘도 생기고 혈당 수치도 뚝 떨어지고 노래도 잘하게 될 것 같다.

사이버 세상에 내 땅 만들기

'블로그에 글쓰기' 수업이 있는 날이다. 내가 글쓰기 공부를 한다는 것을 아는 한 친구가 언제부턴가 '블로그에 글을 써보라'고 권했다. 처음엔 무슨 소리냐고 펄쩍 뛰었지만 손자 이야기를 올려보라는 권유에는 귀가 솔깃했다. 손자의 자라나는 모습과 그 아이를 그리워하는 내 마음을 일정한 공간에 꾸준히 기록해 나갈 수 있다면, 그건 의미 있는 일이겠다 싶었다. 마침 동네에 있는 평생학습센터에 블로그 강좌가 개설되었다기에 어떤 것인지 알아보려고 등록했다.

가벼운 마음으로 첫 수업에 나갔는데 뜻밖에도 그날, 나는 두고두고 기억하게 될 말을 강사님께 듣게 되었다.

"글을 쓰려는 사람은 가슴에 구멍이 있는 사람입니다. 그래서 그 구멍을 메꿀 방법을 찾는 것이지요. 블로그에 글을 올리려는 사람도 마찬가지일 겁니다."

나는 '구멍'이라는 말에 단박 사로잡히고 말았다. 앞으로 남은 삶의 시간, 무엇보다 글을 쓰며 살고 싶은 나. 그렇다면 제법 큰 구멍을 가슴에 안고 산다는 말일까? 글을 쓰려는 사람은 남들과는 다른 뭔가를 지닌 거라 여겼다. 가슴의 구멍을 메워야 하는 절박한 처지라고는 생각해 본 적이 없었다. 듣고 보니 묘하게 고개가 끄덕여졌다.

또 새롭게 들은 것은 '블로그는 사이버 공간에 사 놓는 내 땅'이라는 말이었다. 세상에, 땅을 사 놓는 거라고? 그 말에도 번쩍 눈이 뜨이고 귀가 열렸다. 그 쪽으로는 욕심이 없는 편이라고 여겼다. 그런데 어찌 된 일일까? 블로그를 만들면 비록 사이버 공간이지만 내 땅이 생기는 거라는 말에 신기하게도 혹하는 마음이 일었다.

강사님 말씀에 이어 수강생들의 참여 이유도 듣게 되었는데, 그 중 두 사람의 이야기가 인상적이었다. 난임 치료를 받고 있다는 40대 여성은 그 과정을 공유하고 싶다고 했다. 요리에 관심이 많다는 60대 여성은 살림의 지혜를 나누고 싶어 블로그 운영법을 배우러 왔다고 했다. 그들에게 손자 이야기를 써보고 싶어서 왔다는 내 말은 과연 어떻게 들렸을까 궁금했다.

첫 수업은 그렇게 서로 인사를 나누고 환영하며 마무리되었다. 둔제는 2회차 수업이었다. 잘 모르는 분야라 빠지지 않고 참여해야 따라갈 듯했는데 부득이 불참하게 되었다. 출석한 수강생들은 그날부터 자신의 블로그에 포스팅하고 게시물 링크를 단톡방에 공유했다. 아마도 숙제인 모양이었다. 나도 뭐든 올려야 할 텐데 방법을 알 수가 없었다. 내 사정을 잘 아는 후배가 우리 집에 와서 내 블로그를 만들어 주었다.

블로그가 열리며 드디어 사이버 세상에 내 땅이 생겼다. 무엇으로 첫 말뚝을 박아야 하나 고심하다가 딸에게서 최근에 들은 손자의 이야기를 올려보기로 했다. 집에 놀러 온 엄마 후배에게 손자 녀석이 물었단다.

"이모는 데이트 안 해?"

제 엄마가 되물었다.

"데이트가 뭘 하는 건데?"

손자는 천연덕스레 데이트 정의를 내렸다.

"데이트란, 투 피플이 약속한 시간에 약속 장소에서 만나 누들이나 파스타 같은 거를 나눠 먹는 것이지."

나는 그 이야기를 전해 듣곤 한바탕 웃었다. 얼마나 깜찍하고도 명쾌한 설명인가? 아이는 그렇게 제 나름의 눈과 귀로 세상에서 벌어지는 일들을 하나하나 알아갔다. 대부분의 일들을 이미 잘 안다고 착각하고 사는 어른들보다 더 낫지 않은가? 이 이야기를 간단히 올려봐야겠다고 마음먹었다.

친구가 내 마음을 알아채고 블로그에 글을 써보라고 했던 것인지도 모르겠다. 손주의 이야기를 글로 써보고 싶었던 건 사실 오래전부터의 내 꿈이었다. 7년 전, 미국에 사는 딸의 산후조리를 해주러 갈 때 석 달 동안 묵을 짐을 챙기며 책을 몇 권 넣었다. 그중에 최인호 작가의 《나의 딸의 딸》이 있었다. 최 작가가 자신의 딸과 그리고 외손녀와의 일상에 관해 쓴 책이다. 열서너 시간의 긴 비행에 가볍게 읽을 책을 고르려고 서점에 나갔다가 눈에 띄어 산 것이었다. 아마도 며칠 뒤면 '나의 딸의 아들'을 만날 기대에 차 있었기에 그 제목이 보였던 것 같다.

기내에서 자다가, 영화를 보다가, 그래도 지루하면 책을 펼쳐 읽었다. 여느 할아버지들처럼 작가 역시 자기 손녀에게 푹 빠져 있었다. 어린아이들이 하는 표현은 앞뒤가 맞지 않고 뜬금없어서 우리를 무장해제시키며 웃게 한다. 나에게도 그런 순간은 무수히 많았다. 작가인 할아버지는 그런 순간들을 책으로 남겼구나 싶으니 나도 뭐든 해보고 싶었다. 그동안 손주가 했던 귀엽고 엉뚱한 표현을 기록해 두겠다고 마음먹었지만 게을러서 실천하지 못했다. 마침 블로그라는 새로운 공간이 생겼으니 이제라도 기억을 되살려 기록을 남겨봐야겠다 싶었다.

서툴지만 나도 첫 숙제를 올렸다. 수강생들의 글을 합평하는 시간이 돌아왔다. 내가 쓴 손주의 이야기도 강의실 모니터에 띄워졌다. 늘 노트북으로만 보다가 큰 화면으로 내 글을 읽어보니 영 어색했다. 강사님은 글을 읽어주고 피드백을 하셨다.

"글 소재도 좋고 군더더기 없이 깔끔하지만 손주 모습이나 미국 도시의 풍광을 담은 사진을 함께 올리면 좋겠습니다."

겨우 내 땅에 말뚝을 박았다고 좋아했는데 사진도 올려보라고 하니 갑자기 복잡해졌다. 손주 사진을 올리려면 얼굴 가리는 방법부터 익혀야 할 텐데….

하긴, 후배의 도움을 한 번 더 받는다면 못할 것도 없었다. 그러나 이상하게도 사진 얘기가 나오자 곧 의욕이 꺾이는 기분이었다. 사이버 세상의 '내 땅'이라는 말이 매혹적이었던 것은 나만의 비밀 공간이 생긴다는 느낌 때문이었다. 그런데 사진이라니? 누군가에게 보이기 위해 잘 나온 사진을 고르고, 얼굴 모자이크 처리를 하는 그 모든 과정이 과하게 느껴졌다. 나는 역시 어리숙한 사람이다. 내 땅이 생긴다는 건, 내가 유지 관리할 영역이 생기는 일임을 몰랐다. 울타리를 치고 문을 단다는 건 누군가를 불러들이는 행위라는 것은 미처 생각하지 않았다.

 그저 내 능력 안에서 즐겁게 할 수 있는 만큼만 하고 살아야겠다는 생각이 새삼 들었다. 현실에서나 사이버에서나 결국 내가 차지할 땅은 없었다. 댓가를 치르지 않고 그냥 되는 게 아니었다. 현실의 가난은 어쩔 수 없는 불편함이겠지만 적어도 사이버 세상의 가난은 자유로움임을 깨달았다.

 가난한 자유인으로 손자를 맘껏 사랑하고 오래 기억하기로 했다. 어느 공간에도 울타리 친 내 땅이 없는 자유로운 할머니로서 말이다.

충분히 괜찮은 우리

오랜만에 모교에 갔다. 친한 동창 두 명과 '대상관계이론' 특강을 듣기 위해서였다. 복도엔 내가 쓰던 사물함이 그대로 있었다. 물론 다른 사람의 이름이 쓰여 있었다. 혹시 아는 이가 더 있으려나 강의실 주위를 살폈으나 모두 낯설기만 했다.

10여 년 전 처음 학교를 봤을 때 건물 하나만 덩그러니 있는 모습이 내겐 무척 생소했다. 무릇 학교란 건물이 몇 개 있고, 운동장도 있고, 나무도 있어야 한다는 고정관념이 있었기에 아무리 특수 대학원이라지만 영 학교 같지 않았다. 그러나 한창 재미가 들린 심리학 공부를 더 할 수만 있다면 어디라도 다닐 생각에 입학 원서를 냈다.

지원자 면접이 있던 날, 학교에 가니 젊은이들도 제법 많아서 좀 쑥스러웠다. 먼저 총장님과 일대일 면담을 했는데, 후덕한 인상의 그분은 상담은 나이 들수록 깊어지는 학문이니 50대인 내 나이가 딱 좋다며 반겨주셨다. 그 말씀에 나는 자신감을 얻어 한결 편안해진 마음으로 옆 면접실로 이동했다. 이번엔 세 사람이 같이 들어가는 면접이었다. 문을 열고 들어서자 정면에 세 분의 교수님이 앉아계셨다. 나는 침착함을 유지하려 애쓰며 자리에 앉았다. 그러자 면접관들은 구두로 시험을 보기 시작했다. 내심 당황스러웠다. 서류 심사로만 당락이 결정되는 것으로 알고 있던 터라 면접에서는 인적 사항, 지원동기 정도를 물을 것으로 예상하였기 때문이다. 다행히 내게 주어진 질문은 평소에 알던 내용이어서 무난히 넘어갔다.

바로 내 옆자리에 앉았던 여학생은 '상담의 3대 이론'을 설명해 보라는 질문에, 마지막 하나가 생각나지 않는 모양이었다. 마침 나는 두어 달 전 심리학 과정을 들으며 그 부분을 공부했던 터라 그녀에게 작은 소리로 귀띔해 주었다. 지금 생각하면 아찔하다. 앞에서 교수님들이 빤히 지켜보고 있었는데 물색없이 다른 지원자의 면접에 끼어들다니, 아마도 나는 그때까지 시험이라는 것에 대한 개념이 전혀 없었던 것 같다.

아무튼 나는 2대 1의 경쟁을 뚫어 입학했고, 2년을 활기차고 즐겁게 보냈다. 단지 힘든 게 있었다면 컴퓨터에 익숙하지 못하다는 점이었다. 수업 시간에 PPT를 만들어 과제를 발표해야 하는데 그것이 나에겐 너무나도 힘든 일이었다. 컴퓨터 개인교습을 따로 받아 가며 과제 발표용 PPT를 만들 때의 그 압박감이 지금도 생생히 기억난다.

그 정도의 스트레스도 없는 배움이 어디 있을까? 그나마 그때 으리집은 내가 공부에만 전념하기에 더없이 좋은 환경이었다. 딸은 외국에, 아들은 군대에 가 있었다. 자칫 막막한 허탈감에 빠질 수도 있었을 그 시기를 새로운 학교생활과 흥미로운 공부로 채웠던 것은 백번 잘한 일이었다. 강의를 들으며, 내가 상담도 받으며, 그리고 청소년과 부부 상담 봉사를 하러 다니며 오히려 내 마음을 치유받았다.

결국 모든 것은 내가 그렇게 하지 못한 탓이라고 생각하니 인생의 뿌연 부분이 많이 맑아졌다. 또한 인생은 사건 중심이 아니라 해석 중심인 것이고, 살아가며 일어나는 일들을 막을 수는 없으나 그것에 대한 해석은 선택할 수 있다고 생각하니 내 인생의 여러 장면이 저해석再解釋되면서 훨씬 자유롭고 편해졌다.

오늘의 강연은 '관계'에 관한 것이었다. '관계'는 인간의 기본 욕구이며, 특히 우리가 생애 초기에 중요한 대상 즉, 엄마 또는 주 양육자와의 관계에 대한 그 경험이 일생 타인을 지각하고 이해하며 관계를 형성하는 데에 기본 틀로 작용한다고 강사는 말했다. 좋은 엄마란 완벽한 엄마가 아니고 적절히 좌절도 제공하는 역할을 해줘야 한다고 했다. 완벽한 부모가 된다는 것은 다른 면으로 높은 불안을 경험한다는 것이다. 그 불안은 어떤 감정보다도 전염성이 강한 정서라서 완벽한 부모는 자기 자녀에게 높은 불안을 전염시킬 가능성이 크다는 말을 강조하였다. 완벽한 엄마보다는 충분히 괜찮은 엄마(Good enough mother)가 되는 것이 좋은 것이라고 힘주어 말했다.

나는 그 내용에 깊이 공감했다. 강사가 말하는 완벽을 추구하며 자녀를 불안케 하는 부모들, 그로 인해 불안을 겪는 자녀들을 나 또한 다수 알고 있었기 때문이다. 멀리 갈 것 없이, 우리 친정엄마와 오라버니의 사이가 바로 그러했다. 완벽을 요구하는 부모와 그 기대에 못 미쳐 힘들어하는 자녀의 어긋남을 곁에서 보며 자랐다. 나는 그런 관계를 늘 안타깝게 여겨왔다. 강의를 들으면서도 새삼 가슴이 아려왔다.

자신을 성년의 아들을 둔 엄마라고 소개한 교수는, 이론에 대한 강의를 끝내고 상담자의 역할로 상담 시연도 했다. 내담자로 나선 사람은 중년의 엘리트 남성이었다. 가정을 위해 희생했던 부모의 삶을 지켜보며 죄책감에 괴로워했다. 40여 명의 수강자들은 숨을 죽이고 상담 과정을 지켜보았다. 수강생 중 몇몇은 눈가가 촉촉했다. 오랜만에 숨죽여 공감하며 듣느라 가슴이 뻐근했다. 물론 그 배경엔 교수의 역

량이 있었다. 교수는 인간에 대한 공감과 통찰이 깊었고, 언어 표현이 정확하며 고급스러웠다. 문득 내가 조금만 젊었어도 저 교수님 밑에서 다시 한번 공부를 해보고 싶다는 의욕이 생겼다. 나이 들어가는 것을 편안해하며, 심지어 얼마간 즐기던 나였는데 오늘은 '10년만 젊었어도….'라는 생각이 계속 들었다.

강의가 끝나고, 우리 동기 세 사람은 학교 건물을 빠져나와 심호흡을 했다. 학교 때 자주 가던 단골식당으로 걸어가며 서로 달은 없었으나 가슴은 촉촉했고 체온은 따뜻했다. 사방은 조용하고 으가는 이는 찾아볼 수 없는 고즈넉한 밤이었다.

조금 전 나를 휩쌌던 열정과 의욕은 아직 잔불로 남아 내 안에 이글거리고 있었다. 그러나 곧 따뜻한 재가 되어 내 마음을 덮어주리라. 사람을 일으키고 움직이는 그 열정이, 항상 최고의 성취로 이어질 필요는 없다. 완벽에의 몰입과 추구는 또 다른 불안을 낳는다그 배우지 않았던가.

좋은 친구들과 훌륭한 강의를 듣고 많은 생각을 했던 충분히 괜찮은 우리의 밤… 나는 그 따뜻한 밤길을 걸어 충분히 괜찮은 우리 집으로 돌아왔다.

내가 오래 살아야 하는 이유

딸이 동영상을 보내왔다. 나는 그들 가족의 즐거운 한때를 들여다보고 있다. 영상 속 사위는 TV 모니터 앞에 서서 양손으로 컨트롤러를 누르며 양궁 과녁 맞히기 게임을 하고 있다. 곁에서 화면을 지켜보는 어린 손자는 제 아빠가 실패할 때마다 한숨을 안타까이 내쉬더니 아빠를 올려다보며 당돌하게 묻는다.

"아빠, 재밌어?"

"응, 재밌어."

"그럼, 져두 돼. 재밌으면 이겨두 돼구 져두 돼. 아무 문제 없어!"

마흔 살 아빠를 의젓하게 위로해주는 여섯 살 아들이라니…. 나는 화면 속의 손자를 보며 입을 다물지 못했다.

'여섯 살배기가 어떻게 저런 말을 할 수 있을까. 아마 우리 손자부에 없을 거야.'

할머니가 되면 점점 판단력이 흐려지고, 특히 손주에 대해선 허풍쟁이가 된다더니 내가 바로 그랬다. 손자가 하는 말이 너무 대견하고 기특해서 누구에게라도 한바탕 자랑하며 수다를 떨고 싶지만 선뜻 행동으로 옮길 수 없었다. 섣불리 말을 꺼냈다가 요새 애들 다 그렇다고 상대방이 찬물을 끼얹으면 괜히 머쓱해질 것 같았다. 모처럼 들뜬 기분을 가라앉게 하고 싶지는 않았다.

남의 아픔을 위로하는 것보다 어쩌면 남의 기쁨에 같이 즐거워해 주는 일이 더 어렵다는 생각이 드는 요즘이다. 너나 할 것 없이 사람들은 모두 자기 삶을 살아가기도 바쁘다. 각자 성향도 다를뿐더러 때때로 기분이나 사정이란 것도 있을 테니까. 다른 사람의 들뜬 기분에 당사자처럼 호응하며 장단을 맞춰주기란 쉽지 않다. 그러한 것을 기대하는 것 자체가 욕심이다. 결국 내 자식 자랑을 아무 거리낌 없이 마음 놓고 꺼내 놓을 수 있는 대상은 미우나 고우나 가족밖에 없구나 싶다. 생각이 거기에 미치자 성급하게 하늘나라로 떠나버린 남편이 새삼 야속하기만 하다. 아마 그가 있었더라면 손주 일로 할디가 아무리 방방거려도 지나치다고 하지 않으리라. 짐짓 기분 좋게 장단을 맞춰주면서 함께 즐거워했을 텐데 말이다.

날이 저물어 저녁때가 되었지만 손주 자랑을 하고픈 마음은 가라앉지 않았다. 지극히 사소한 것일지라도 말이 되지 못한 감정은 앙금처럼 마음속을 떠돈다. 나는 그대로 날을 넘기지는 않겠다는 마음으로 연희에게 카톡을 보냈다. 연희는 언제든 우리 손자에 대한 이야기를 편안히 즐겁게 들어주는 든든한 친구이다.

"저녁 먹었어? 우리 귀요미 자랑을 좀 하고 싶은데 들어 줄 수 있나요?"

"물론이지요. 심히 궁금하니 빨리 풀어 놓으셔요."

연희의 정겨운 호응에 나는 무장해제가 되어 얼른 손자의 동영상을 보냈다.

몇 분이 흘러서야 연희는 직접 전화를 걸어왔다.

"와! 신기해서 몇 번을 다시 봤어. 누가 가르쳐서 되겠냐구요. 내가 이리도 흐뭇한데 너는 얼마나 기분이 좋으냐?"

들뜬 내 마음을 깊이 공감해주던 연희는 내친김에 말한다.

"네가 오래 살아야 하는 이유를 알겠지? 네 딸이 살아가면서 자식 자랑을 하고 싶을 때 눈치 안 보고 편하게 말할 사람이 있어야 해. 그건 친정엄마가 최고야. 그러니 네가 오래 살아야 해."

우리는 평소에 기대 수명에 관한 이야기를 많이 한다.

"몸놀림이 힘들어지기 전에 떠나고 싶어. 오래 사는 것 사양이야."

내가 말한다.

"건강 잘 챙겨서 오래오래 살아야지 무슨 소리야?"

연희는 나와는 다른 생각을 펴곤 했다. 지나치게 오래 살까 봐 나는 걱정한다. 연희는 건강을 잘 지켜가며 오래 살아야 한다고 주장한다. 친구는 이번 기회에 내 생각을 바꿔주고 싶었나 보다. 딸의 자식 자랑을 들어줘야 한다는 논리로 나에게 장수長壽에 대한 욕망을 심어주었다.

연희의 말투는 꽤 진지했지만 가만히 듣다 보니 웃음이 났다. 죽고 사는 일이 어차피 우리 마음대로 되던가? 기대 수명에 대한 우리 갑론을박은 너도나도 건강하게 오래 살았으면 하는 소망을 담은 절친끼리의 농담일 뿐이다.

하지만 연희와 나의 이견에 관해 한 번쯤 생각해 볼 대목은 있다. 어째서 나는 노년의 삶에 대해서 연희처럼 긍정적이고 낙천적인 관점을 갖지 못하는 걸까? 내 삶의 어떤 경험이 이런 부정적인 시각을 갖게 했을까? 짚이는 데가 있기는 있다. 어린 시절, 외롭고 힘겹게 살아가시는 외할머니를 가까이에서 지켜본 게 하나의 이유가 됐을 것 같다. 우리 외할머니는 서른 후반에 여섯 자녀를 데리고 홀로 되셨다. 1950년 당시 고위 공무원이던 외할아버지는, 아침에 출근을 하셔서 그 길로 납북되어 끝내 집으로 돌아오지 못하셨단다. 단아한 서울 양반가 여인이었던 할머니는 그 충격을 감당하지 못하시고 현실적으로 너무나 무기력하셨다. 결국 할머니는 어린 자녀들에게 의존하며 하루하루 힘겹게 지내셨다. 할머니 댁과 우리 집은 10분 거리에 있었기에 나는 외갓집에 자주 갔었는데, 그때마다 할머니는 내 손을 잡고 "내가 너 보는 맛에 산다."라고 말씀하시며 눈가가 촉촉해지셨다. 할머니의 그런 모습은 어린 내 눈에도 서글퍼 보였다. 노년의 삶이란 이렇게 외롭고 고단한 것인가 하는 생각이 절로 들었다.

물론 세월 따라 세상은 많이 바뀌었다. 100세 시대라는 말이 나올 만큼 젊고 건강하게 사는 노년이 점점 많아지고 있다. 그러나 건강하지 못한 몸으로 오래 산다는 것은 그 어느 때보다도 주위에 큰 부담을 주는 일이다.

나는 그 부담과 애로를 누구보다 잘 알고 있다. 큰딸이었던 친정엄마가 외할머니를 봉양하며 느끼는 부담을 가까이에서 지켜보았고, 또한 결혼 후 시아버지의 투병 과정에서 환자 가족의 고충을 몸소 겪기도 하였다. 같은 병원 환자들을 지켜보기도 하면서 많은 생각을 하게 되었다. 몸져누운 노부모를 간호하는 일은 결코 마음만으로 되는 일이 아니다. 젊은 자녀들이 자기 삶의 많은 부분을 뒤로하고 환자에게 전념해야 하는 일이다. 한창 일을 해야 하는 자녀 입장에선 쉽지 않은 선택이다.

  노부모를 모시며 몸도 마음도 지치고 경제적인 부담도 커지다 보면 형제끼리 갈등도 생기고 서로의 바닥을 드러내며 다투기도 한다. 병들고 노쇠한 어미로 인해 자녀들 사이에 균열이 일어나며 관계의 얄팍한 민낯이 드러나게 된다는 건 참으로 슬픈 일이 아닌가. 그래서 나는 행여 그런 일이 일어나기 전에 이 세상을 조용히 떠나게 해달라며 기도하고 있다.

  오래 살고 싶은 욕망이 없다고 해서 내가 부정적인 생각으로 노년의 삶을 살아가는 것은 아니다. 나는 남들보다 조금 이르게 세상을 떠난 남편 덕분에 인생에서 미뤄서는 안 되는 일이 무엇인지를 안다. 우리 앞날은 한 치 앞을 모르기에 하고 싶은 것이 있다면 뒤로 미루지 말고 바로 하는 것이 좋고, 또한 아끼는 사람들에 대한 애정 표현도 망설이거나 미루지 말고 그때그때 마음을 전하며 지내는 것이 좋다고 생각한다.

  1남 1녀의 우리 아이들은 존재만으로도 부모에게 큰 기쁨을 주었고, 나는 아이들 덕분에 희로애락의 모든 감정을 다양하게 느끼며 살아왔다. 이제 성인이 되어 가정을 이룬 자식들을 위해 내가 구체적으로 해줄 일은 더 이상 없는 셈이다. 나이 든 어미로서 내가 존재해야 하는 이유를 찾는다면, 우리 아이들이 팍팍한 일상에 지쳤을 때 언제든 다가와 기댈 수 있는 편안한 언덕이 되어주고 싶어서다. 또한 가족은 아니어도 언제나 내 기쁨과 슬픔에 동참해주는 고마운 주위 사람들… 특히 오늘처럼 손자 이야기를 편안히 나누며 함께 공감해주는 연희와 같은 좋은 친구들에게 받은 사랑을 갚기 위해서라도 나는 건강히 오래 살아야 한다. 아마도 내가 오래 살아야 하는 진짜 이유는 갚아야 할 사랑의 빚이 많아서일 것이다.

내 글의 첫 독자

    은혜 씨를 처음 만난 건 7년 전 가을, 미국에 사는 돌쟁이 손자가 우리 집에 와 있을 때였다. 논문 마무리로 바쁜 딸을 대신해서 손자를 돌봐야 했는데, 나는 허리 디스크가 악화되어 앉아 있기도 힘든 상황이었다. 그때 은혜 씨가 나를 도와주었다. 딸이 일을 하는 동안 우리는 2인 1조가 되어 손자를 돌봤다.

    그녀는 천성이 밝고 긍정적이어서 주위에 밝은 에너지를 안겨준다. 손자가 와 있는 동안 우리는 아이를 유모차에 태워 동네 산책하러 나가고, 미장원에 나란히 앉아 머리를 다듬기도 하고, 장난감 가게 나들이도 함께했다. 그렇게 한 달여를 지내는 동안 우리 세 사람은 정이 듬뿍 들었고, 환상의 3인조가 되어 즐거운 나날을 보냈다.

아프리카 속담에 '한 아이를 키우려면 온 마을이 필요하다'는 말이 있다. 은혜 씨와 많은 분의 도움으로 몇 달 뒤, 무사히 공부를 마무리하고 첫 직장을 잡게 된 딸아이… 졸업과 취업의 기쁨도 잠시, 사위와 떨어진 지역에서 손자와 단둘이 지내게 된 딸아이는 다시 한번 나에게 육아 도움을 청했다.

새로 이사 가는 동네라 아는 사람도 없는데, 아이가 감기라도 걸려 어린이집을 못 가는 날이 있으면 맡길 곳이 마땅치 않다는 것이었다. 말도 낯설고 지병인 허리 디스크로 건강에도 자신이 없었지만 내가 선뜻 길을 나설 수 있었던 까닭은 도움을 요청할 대상이 떠올라서였다. 조심스레 건네본 부탁에 은혜 씨가 흔쾌히 동행해주겠다고 했다.

은혜 씨와 나의 미국 생활은 예상했던 것보다는 수월했다. 손자는 병치레 없이 건강하게 지내주었다. 덕분에 어린이집에서 돌아온 녀석과 두어 시간 놀아주다가 식사와 목욕, 잠자리를 돕는 일이 우리의 역할이었다. 딸아이가 다음 날 강의를 준비하는 동안, 은혜 씨는 낭랑한 목소리로 즐겁게 동화책을 열 권이고 스무 권이고 읽어주었다. 옆에서 그 모습을 지켜보다 보면 늘 간절히 기도하던 '만남의 축복'이 이렇게 이루어지는구나 싶었다. 은혜 씨의 긴 여행을 양해해 준 그녀의 가족들에게 새삼 감사한 마음이 들곤 했다.

딸네 집 생활이 익숙해지자, 딸아이 모자(母子)가 학교에 있는 낮에는 우리 둘만의 소중한 자유시간이 되었다. 집에서 걸어서 5분이면 특색 있는 작은 가게들과 커다란 쇼핑몰, 책방 등이 있는 예쁜 거리에 이르렀다. 주말엔 붐비지만 평일은 한산했고, 거리 전체엔 잔잔한 클래식이나 스탠다드 팝송이 흘러나왔다. 우리는 그 거리에 있는 맛집과 예쁜 가게들을 차례로 섭렵하며 매일 나들이를 했다.

이국적인 식당에서 점심을 사 먹고, 노천카페에서 한가로이 차를 마셨다. 구름 한 점 없는 플로리다 날씨는 봄날처럼 온화했고, 하늘은 눈이 시리도록 푸르렀다. 걷다가 힘이 들면 잠시 벤치에 앉아 한국에서 챙겨온 소설책을 읽기도 하고, 소녀 시절에 읽었던 책 이야기와 어린 시절 이야기를 나누기도 했다. 바닷가 마을에서 2남 1녀의 맏딸로 태어나 20대 초반에 서울에 올라와 이모 집에서 직장을 다니던 중 배우자를 만나 결혼을 했다는 은혜 씨. 도시에서 자라 자연을 잘 모르는 나는 그녀가 경험했던 자연과 함께하는 추억들이 부러웠다.

손주가 일찍 잠이 든 날이면 나는 노트북을 꺼내어 글쓰기 숙제를 하기도 했다. 한 꼭지 글을 겨우 끝내고 나면 프린트해서 읽어보았다. 은혜 씨는 따뜻한 차를 내오며 내가 쓴 글에 관심을 보이곤 했다.

"숙제 다 하셨어요?"

"네, 일단 끝냈어요. 한번 읽어보실래요?"

"어머, 그래두 돼요?"

"물론이지요."

사람을 기분 좋게 하는 음성으로 조심스레 글을 청하는 그녀는 이내 설레는 표정으로 읽기 시작했다. 말하자면 내 글의 첫 독자讀者인 셈이었다. 진지한 그 모습을 보고 있으면 글을 좀 더 잘 썼더라면 좋았을 걸 하는 아쉬움이 늘 생겼다.

은혜 씨는 책을 좋아하는 데다 천성이 선하고 세상과 타인에 대한 긍정적인 마음을 지녔다. 가끔 읽게 되는 그녀의 글에도 따뜻함이 묻어났다. 미국을 떠나던 날 딸에게 써준 감사카드의 글을 보면 그녀의 문장 표현력이 예사롭지 않았다. 언젠가는 그녀야말로 글을 쓰게 될 예감이 들었다. 자매가 없어서 아쉬움이 많던 나에게 피붙이 동생처럼 정겨움을 주며 1호 독자를 자처하는 그녀! 내가 희수喜壽에 책을 내는 것이 꿈이라고 했더니 은혜 씨는 너무 늦다고 더 앞당기라고 했다. 나는 그녀의 조언을 새겨들어 분발하기로 했다.

그녀는 소중한 내 글의 첫 독자다.

부드럽고 줏대 있게

어려서부터 내 이름 '강미숙'이 마음에 들지 않았다. 미숙이라는 이름이 너무 흔해서 학교에 가면 반에 두어 명 있을 때가 많았다. 부르는 어감도 딱딱하게 느껴져 싫었다. 우리는 1남 1녀로 오빠 이름은 모두 멋있다고 했다. 그럴 때마다 엄마는 유명한 작명가에게 큰돈을 주고 지어왔다고 자랑하셨다. 덧붙여 누가 묻지 않아도 딸 이름은 부르기 좋고 예쁘다고 애들 아빠가 아름다울 '미美', 맑을 '숙淑'으로 지었다고 설명하셨다.

아들딸 차별 없이 키우셨으면서 왜 평생 부르는 내 이름은 대충 지으셨을까 서운한 마음이 가득했다. 그러나 그저 섭섭하다고 생각했을 뿐 지어진 이름을 어찌할 방법은 없었다. 그러던 중 내 이름에 불만인 사람이 하나 더 나타났다.

　대학교 2학년 때 6개월쯤 사귄 남자친구도 내 이름이 영 마음에 들지 않았나 보다. 이름을 하나 지어주고 싶다더니 작명해서 그 이름으로 나에게 편지를 자주 보내주었다. 막상 얼굴을 보며 만날 때는 본래 내 이름으로도 자기가 지어준 이름으로도 부르지 않았다. 아마도 그도 나처럼 쑥스러웠던 모양이다.

　남자친구가 지어준 이름은 너무 예쁘고 여릿해서, 선머슴 같던 나하고는 전혀 어울리지 않았다. 나는 편지에 쓰인 이름을 행여 누구라도 볼까 봐 부끄러웠다. 그렇게 잠시 편지 속에서만 존재하던 나의 새 이름은 그와 헤어지며 수명을 다했다.

　그 뒤로 언젠가 진짜 이름을 한번 바꿔본다면 뭐라고 할까? 혼자 이리저리 늘 생각은 해봤지만 씩씩하게 실행할 능력도 추진력도 나에겐 없었다. 다만 결혼해서 아이를 낳게 되면 신경을 써서 이름을 잘 지어주리라 다짐했다.

　첫째 딸아이가 태어나 이름을 짓게 되었을 때, 남편은 시아버님께 부탁을 드렸다. 아버님께서 궁리하시는 동안 내심 걱정이 되었다. 혹시 지어주신 이름이 마음에 들지 않으면 어떻게 말씀드려야 하나 신경이 쓰였지만 아버님을 믿었기에 설렘으로 기다렸다. 다행히 딸의 이름은 듣는 사람마다 모두 예쁘다고 했고 본인도 만족스러워하니 애써주신 시부모님께 감사할 뿐이다. 둘째인 아들은 시부모님께서 돌아가신 다음에 태어나 남편이 작명했다. 남편은 그 당시 회사일로 바쁜 나날이었으나 생각을 거듭하며 최선을 다하는 것 같았다. 다행히 아들의 이름도 모두 만족스러워하니 성공적인 셈이다.

남편은 평생 불리는 건데 본인 이름이 그리 싫으면 새 이름을 한번 지어보라고 나에게 적극적으로 권했다. 개명 신청 서류를 낼 때 그 이유를 잘 써야 한다는데 자기가 한 번에 통과될 수 있도록 멋지게 써주겠다고 큰소리를 치기도 했다. 그러나 우유부단한 나는 쉽게 용기가 나지 않아서 그저 세월만 보냈다.

오래 꿈꿔왔던 개명 의지는 약해졌으나 글쓰기를 시작하면서 필명을 지어보자는 생각이 구체적으로 들었다. 심사숙고 끝에 평소 좋아하는 사자성어 화이부동(和而不同-남과 어울려 지내지만 뜻을 굽혀 남의 의견에 동조하지는 않는다)에서 '이'라는 소리를 취해오고, 앞으로 더욱 부드럽게 지내고 싶은 마음에 '유연하다'에서 '연'을 취해서 '이연'이라고 했다.

주위 사람들에게 필명을 알리고 그 후 습작 원고 이름란에 '강이연'이라고 쓰기 시작했다. 처음엔 너무 낯설어서 써놓고도 '이게 누구지?' 하며 머뭇거릴 때가 많았다. 하긴 본래 내 이름도 나는 이 나이가 되어도 왠지 낯설었다. 학교 다닐 때 같은 이름이 많아 구별하느라 그랬는지 선생님도 친구들도 꼭 성을 붙여서 '강미숙'이라고 불렀다. 누가 '미숙'이라고 이름만 따로 부르면 나를 부르는가 싶어 낯선 기분이 들곤 했다.

 글을 쓰면서 내 주변을 그리고 내가 살아온 모습도 돌아보게 된다. 나는 겉으로는 규율을 잘 따르는 모범생이었지만 내면에는 반골 기질이 많다. 기성세대들이 잘못을 저지르고도 '관례였다고… 지금까지 늘 그래 왔다고' 핑계 대는 모습을 보면 언짢고, '남들도 다 그래' 하며 얼렁뚱땅 넘어가는 것을 보면 마음이 불편하기만 하다. 그러고 보면 내 마음에 '화이부동'과 '유연'이라는 말이 자리 잡고 있었던 것이 그저 우연이 아니다. 주위 사람들과 편안히 어울리며 지내고 싶지만 나를 지키고는 싶고 때로는 내 주장을 고집하느라 경직될 때도 있으니 부드러움을 잃지 말아야겠다는 생각에서다.

 인생의 남은 시간 필명에 담긴 의미처럼 '부드럽고 줏대 있게' 내 인생을 정리하며 좋은 글을 쓰고 싶다.

나를 소개합니다

"네가 글 한 편 써 줘. 다들 곤란하다며 나서는 친구가 없네."

동창회 반장을 맡은 선미의 간곡한 부탁을 받고 나는 난감했다. 학교 소식지를 만드는데 반마다 에세이를 한 편씩 내야 한다고 했다. 부담스러운 부탁이었다.

"요즘 글쓰기 공부에 재미 붙였어."

지난 송년회 때 선미에게 말했던 게 화근이었다. 입방정을 떤 값으로 숙제를 떠안았다. 이왕이면 상큼하게 멋진 글을 써내고 싶었지만 쉽지 않았다. 고민 끝에 겨우 한 편을 써서 보내놓고 며칠이 지났을 때였다. 전체 편집을 맡은 친구가 글을 잘 받았다며 또 다른 숙제를 내주었다. 증명사진 하나와 자기소개서를 보내달라는 것이었다.

내 소개라니…. 지금의 나를 무슨 말로 어떻게 소개해야 한단 말인가? 이리저리 궁리를 해봤지만 딱히 쓸 말은 생각나지 않고 뜬금없이 십여 년 전 대학원을 다니던 때 자기소개 시간에서 경험한 당혹스러웠던 장면만 떠올랐다.

그날은 '가족 상담' 수업 첫 시간이었다. 담당 교수는 학생들에게 자기소개를 해보라고 했다. 강의 제목을 의식해서인지 학생 대부분은 가족의 이야기 위주로 자신을 소개했다. 나 역시 마찬가지였다. 나이는 50대 후반이고, 30대 초반의 딸 하나, 20대 중반의 아들 하나가 있다고 했다. 그때였다. 내 앞줄에 앉았던 40대로 보이는 학생이 뒤돌아보며 물었다.

"남편도 하나인가요?"

물론 웃자고 한 소리였을 것이다. 누군가는 나직이 웃기도 했던 것 같다. 당황한 내가 얼른 대답을 못 하고 머뭇거리니 강의실의 웃음기는 사라지고 말았다. 내 남편의 부재를 이미 아는 친한 동기생들은 나와 그 학생을 번갈아 쳐다보며 '어쩌나' 하는 얼굴이었다. 나는 잠시 머뭇거리다가 되물었다.

"제가 이 질문에 꼭 대답해야 하나요?"

다행히 교수님이 나서서 그럴 필요는 없다고 해주시어 그대로 넘어갔다. 짤막하게 자기소개서를 써 달라는데 나는 왜 그런 난감했던 기억부터 떠오르는 걸까. 길게도 아니고 두어 줄만 쓰라는데 나는 왜 이렇게 허둥거리고 있는 걸까. 나 자신을 소개할 말이 떠오르지 않아서일까. 아니면 과거의 당혹스러운 기억 때문에 나를 나타낼 단어나 수식어를 감히 끄집어내지 못하는 것일까.

놀랍게도 자기소개에 관한 생각은 꼬리의 꼬리를 물고 이어졌다. 예전에 나는 어떤 사람이었으며 장차 어떤 사람이 되길 원했던가. 학생 때는 작가가 되었으면 한 적도 있었고, 사회심리학을 가르치는 교수가 꿈이기도 했다.

결국 나는 평범한 직장인이 되었다. 나름 성실하게 직장생활을 했지만 적성에는 맞지 않았다. 40대 중반에 퇴직한 나는, 잠시 숨 고르기를 하며 유유자적 지냈다. 요리를 배워 남편 지인들을 자주 초대하고, 제빵을 배워 애들 간식도 다양하게 만들어 주었다. 그러던 중 인생의 후반은 단순히 월급을 받기 위해서가 아니라 정말로 하고 싶은 것을 하며 사는 삶을 살고 싶었다. 남편도 적극 응원을 해주어 용기를 냈다.

드라마 극본을 써보고 싶은 마음에 여의도에 있는 방송작가 교육원의 문을 두드렸다. 지원서를 냈더니 면접을 보러오라는 연락이 왔다. 면접 날 내 담당은 '전원일기'를 쓰던 김정수 작가였다. 온화한 인상의 그녀는 내 현주소가 강남구인 것을 알고 "이제 편안한 강남 사모님에게서 벗어나 새로운 인생을 사셔야죠?" 했다. 편안하게 살아왔다니…. 내가 살아온 인생을 '너무 쉽게 예단하시는구나.' 싶었다. 그러나 면접에서 떨어질까 봐 싫은 내색은 하지 못하고 수줍게 웃고 말았다.

면접을 통과해서 교육원 기초반을 다니게 되었다. 내가 쓴 대본을 보고 교수님은 주제 의식이 좋고 대사를 맛깔나게 쓰는 편이라고 했다. 하지만 인생의 밑바닥까지 내려가 보는 처절함이 없다고 했다. 남편도 같은 의견이었다. 나는 점점 한계를 절감하며 일 년을 못 채우고 드라마 극본 공부를 그만두었다. 그 뒤로는 한동안 하고 싶은 일을 찾지 못하고 우왕좌왕했다. 그런 내게 남편은 여유를 가지고 천천히 찾아보라고 했다. 우선 좋아하는 연극을 보러 다니며 편히 지내보라고 다독였다. 훗날 예쁜 소극장을 지어줄 테니 젊은이들에게 많은 기회를 주며 함께 즐기라고 했다. 내가 대학 시절 한때 연극에 빠져 있었다는 걸 남편은 알고 있었다. 또 언젠가 산울림 소극장으로 남편과 함께 연극을 보러 갔을 때, '이런 소극장이 하나 있었으면 좋겠다'라고 말했던 것을 기억해서였을 것이다.

연극에 관심을 갖고 좋아한 건 50여 년 전 고등학교 시절부터이다. 셰익스피어 연극을 보며 책 속의 언어가 무대에 표현되는 것이 매력

적으로 느껴졌다. 뉴욕에 가서 연극 연출을 공부하고 돌아와 학생들을 지도하고 싶다는 꿈을 구체적으로 꾸었다. 그러나 아버지의 사업 실패와 투병 생활로 유학은커녕 대학 진학을 염려해야 하는 처지가 되었다. 나는 장학금이 보장되는 대학으로 진학을 했고, 저녁이면 중·고생 과외 아르바이트를 서너 개씩 하며 생활비를 벌었다. 연극 동아리에 들어가고 싶었지만 연습은 주로 저녁 시간에 한다고 해서 감히 엄두를 내지 못했다.

　동창회 소식지에 짧게 자기소개서를 써달라는 부탁을 받고 나는 20여 년의 세월을 넘나들었다. 이루지 못한 나의 꿈을 되새겨 보는 날들이 이어졌다. 허황되지만 아름답고 희미하지만 아픈 옛꿈들…. 그 가운데 소개할 말이 있는 건 아닐 텐데 자기소개 한 줄을 건지기 위해 나는 인생의 지난 꿈들을 한바탕 헤집어 봤다.

　동창회 자기소개서 마감일에 이르러서야 나는 꿈으로부터 현실로 돌아왔다. 지친 몸, 맑은 정신으로 컴퓨터 앞에 앉았다. 생각나는 대로 짧게 적었다.

　'외손자를 짝사랑하며 서툰 글쓰기에 몰입하는 할머니'

　모니터에 둥실 떠 있는 한 줄의 자기소개 문구를 잠시 바라보았다. 편집 의도와 맞지 않을 수도 있고 누군가는 실소를 터트릴지도 모르겠다. 그러거나 말거나 나는 그 한 줄에서 자유를 느꼈다. 어릴 때부터 내가 바라온 노년의 모습, 여유롭고 위트 있는 할머니의 모습에 나는 거의 다가왔다. 깨진 꿈들의 파편을 지르밟아 인생의 저물녘에 이르렀다. 더 이상 무슨 거창한 소개가 필요하랴. 나는 메일 쓰기 창에서 '보내기' 버튼을 클릭했다.

"안녕, 잘 가라. 자랑스러운 내 자기소개서여."

추천사

이야기를 통해 연결되어

김유숙(교수·가족상담전문가)

고레에다 히로카즈의 '원더풀 라이프'라는 영화에는 천국으로 가기 전 일주일간 인생에서 가장 소중한 기억을 고른다는 내용이 나온다. 그 영화를 보며 인생에서의 수많은 기억 중 딱 하나를 선택하는데 일주일이라는 시간은 너무 짧다고 느낀 적이 있다. 그때로부터 20여 년이 지난 지금, 나는 의외로 그 선택이 간단한 작업임을 깨닫고 있다. 내 전공은 많은 사람들의 서사를 듣는 것에서 시작된다. 그 과정을 통해 사람들은 나와 이야기하기 전에 이미 어떤 줄거리(플롯)를 가지고 있으며, 그에 따라 어떤 경험은 강조되고 또 다른 경험은 버려진다는 것을 알게 되었다.

강이연 작가, 내게는 '미숙언니'라는 호칭이 더 친숙한 올케언니의 글을 읽으며, 언니의 삶은 '가족에 대한 성실함'이라는 플롯이 확실하게 보여 부러웠다. 자신의 삶을 이토록 긍정적인 플롯으로 되돌아볼 수 있었다는 건, 분명 그 글을 쓰는 순간들이 언니에게 즐거움과 여유를 주는 치유의 시간이었을 것이다. 일생 동안의 경험 중 어떤 것을 꺼내기로 결정했을 때의 설렘 그리고 자신만의 언어로 재탄생시키는 산고의 기쁨이 책을 엮는 만족감일 것이다.

  일상을 바삐 지내다 보면 과거를 떠올릴 여유가 없을 뿐 아니라, 돌아가신 부모님에 관한 기억들도 점점 희미해진다. 나는 그럴 때면 옛날 사진을 보거나 주고받은 편지를 꺼내어 읽는다. 그때마다 사진에 찍힌 장면이나 편지 내용을 넘어선 부모님들과의 다양한 경험들이 되살아난다. 그리고 그것은 40여 년이라는 물리적 시간의 공백을 메꾸고, 부모님이 지금 여기에 함께한다는 묘한 이미지의 확산을 경험한다.

  언니가 소소한 일상의 경험을 책으로 펴내겠다 말했을 때, 나는 오빠를 떠올렸다. 오빠는 남아 있는 시간이 많지 않다는 걸 알고는 병실에 노트북을 가져다 달라고 부탁했다. 아마 아직 어린 자녀들에게 오빠가 가진 소중한 경험들을 글로 남기고 싶었던 것 같다. 그러나 암의 고통은 오빠에게 끝내 한 자도 허락하지 않았다. 그 후 오랜 시간이 지나 언니를 통해, 아니 부부가 함께 자녀들에게 "너희들은 내게 귀한 존재란다. 그리고 우리는 이야기를 통해 연결되어 있단다." 하고 말하는 것 같아서 책 출간이 개인적으로 정말 기쁘고 감사하다. 분명 언니의 이야기는 자녀들에 의해, 또 다른 소리들이 더해지며 가족의 이야기로 더욱 풍성해질 것이다.

추천사

풍성하고 인간적이며 아름다운

최문훈(커뮤니케이션 교수)

　자신의 생각을 의도한 바대로 가감 없이 전달하는 것은 생각처럼 쉽지 않다. 서로 간에 이해와 배려의 부족, 정보나 의사소통 기술의 부재, 성격 차이 등 다양한 이유 때문이다. 그러나 가장 근본적인 원인은 아마도 자신에 대한 이해의 부족일 것이다.

　지난 몇 년간 지켜본 나의 장모님, 강이연 작가는 스스로의 인생을 돌아보며 이를 글로 소통하기 위해 끊임없이 노력해 왔다. 장모님은 지나온 삶에 대한 깊은 성찰 끝에 이야깃거리를 고르고, 정성스레 마음을 다해 한 글자 한 글자 써내려 갔다.

　글쓰기는 나와 세상을 잇는 연결고리, 또는 소통의 행위라는 존에서 이 책에 등장하는 작가와 나의 첫 만남 에피소드는 나에게 신선한 충격으로 다가왔다. 십여 년 전, 당시 여자 친구의 어머니로 작가를 처음 만났을 때, 우리는 같은 공간에서 같은 사람들과 같은 음식을 먹으며 시간을 보냈다. 하지만 이 책 속 '백년손님과의 10주년'에

묘사한 장모님의 기억은 나의 기억과는 꽤나 다른 모습이었다. 전반적인 상황이나 분위기는 내가 기억하는 것과 비슷하지만 아마도 각자의 위치와 입장이 달랐기 때문에 같은 경험에 대한 기억이 달랐을 것이다. 한 가지 명확한 것은 이 책이 전달해주는 이야기는 나의 기억보다 훨씬 풍성하고 인간적이며 아름답다.

이 책은 작가를 사랑하는 사람들에게 나와 유사한 경험을 선사하며 생생하게 다가갈 것이다. 특히 나의 아들과 곧 태어날 조카에게 더없이 소중한 할머니의 선물이리라. 처음 소통하는 독자도 본인의 가족과 친구들을 떠올리며 공감할 만한 따뜻한 이야기들로 가득하다. 장모님과 우리 가족에 대한 첫 번째 기록, 앞으로 함께 만들어 갈 이야기가 더욱 기대된다.

본인의 삶에서 인상 깊었던 순간들을 글로 기록하는 일은 생각보다 낭만적이지 않을 때도 있었을 것이다. 작가의 긴 여정에 무한한 존경과 찬사를 보낸다.

강이연 에세이

내 안에 기린이 서 있다

초판인쇄 | 2024년 6월 20일
초판발행 | 2024년 6월 27일
지은이 | 강이연
펴낸이 | 김경희
펴낸곳 | 말그릇
　　　　　(우)02030 서울시 중랑구 공릉로 12가길 52~6(묵동)
　　　　　전　화 | 02-971-4154
　　　　　팩　스 | 0504-194-7032
　　　　　이메일 | wjdek421@naver.com
　　　　　등록번호 2020년 1월 6일 제2020-3호

인　쇄 | (주)쌩큐컴퍼니
ⓒ 2024 강이연
값 15,000원

ISBN 979-11-92837-07-9 03810

• 저자와 합의하에 인지는 생략합니다.
• 잘못된 책은 구입하신 곳에서 교환해드립니다.

이 도서의 국립중앙도서관 출판예정도서목록(CIP)은 서지정보유통지원시스템 홈페이지
(http://seoji.nl.go.kr)와 국가자료종합목록 구축시스템(http://kolis-net.nl.go.kr)에서
이용할 수 있습니다.